나만 공감
안 되는 거였어?

나만 공감 안 되는 거였어?

1판 1쇄 발행 2021년 2월 12일
1판 6쇄 발행 2023년 11월 1일

지은이 이은호 그린이 김학수
펴낸이 정중모 펴낸곳 파랑새
편집장 서경진 책임편집 강정윤 디자인 권순영
마케팅 김선규 홍보 최은서, 고다희 온라인사업팀 서명희
제작 윤준수 관리 이원희, 고은정, 구지영
등록 1988년 1월 21일(제406-2000-000202호) 주소 경기도 파주시 회동길 152
전화 031-955-0670 팩스 031-955-0661 전자우편 bbchild@yolimwon.com
홈페이지 www.bbchild.co.kr ISBN 978-89-6155-918-8 43300

혐 오 와 조 롱 이 오 락 이 되 는 세 상

나만 공감
안 되는 거였어?

파랑새

누구도

차별받지

않는

세상을 향해

두려움을 깨고,
틀린 것은 틀렸다고 말할 수 있도록

부끄러운 고백을 하나 해야겠네요. 저는 '우연히' 기자가 되었습니다. 수능 성적에 맞춰 지원한 대학에선, 관심에도 없던 경제학을 전공했어요. 공부는 늘 뒷전이었어요. 대신 창작자들을 선망했죠. 그들이 만들어 내는 선율에 전율하고 이야기에 감탄했어요. 시험이 다가와도 드라마를 몰아 보는 것이 먼저였고, 강의실보다 공연장에서 보내는 시간이 더 길었어요. 학사 경고를 받지 않은 것이 용하다 싶은 성적으로 겨우 졸업을 하고 나니, 취업이 막막하더라고요. 남들의 절반밖에 안 되는 학점으로 바늘구멍보다 좁다는 취업문을 통과하려니, 그야말로 눈앞이 캄캄했습니다.

게다가 저는, 하고 싶은 것도 없었고 되고 싶은 것도 없었어요. 회사가 원하는 인재상에 저를 맞추어 자기소개서를 쓸 때마다 몹시 우울했어요. 거짓으로 나를 꾸며 내는 것 같았거든요. 하루는 엔터테인먼트 기업에 낼 자기소개서를 쓰는데, 무척 재밌더라고요. 저에게 영감을 주었던 공연, 저를 감동하게 한 음악, 저를 각성시킨 이야기들……. 이제야 진짜 나로서 글을 쓰는 것 같았어요. 보기 좋게 서류 전형에서 탈락했지만, 그 경험을 계기로 저의 진로를 다시 고민하게 되었어요.

'내가 좋아하는 연예계와 관련된 곳에서 일을 하고 싶다. 하지만 엔터테인먼트 회사는 월급이 적다는데……. 게다가 나는 전문 지식도 전혀 없고……. 아 참, 글 쓰는 것을 좋아했으니 대중문화에 관한 글을 쓰는 일을 해 볼까? 그게 뭐지? 아하, 연예부 기자가 되자!'

처음 지원한 언론사에서 저를 인턴 기자로 뽑아 주었고, 운이 좋아 두어 달 만에 정식 기자가 되었습니다. 모든 게 얼떨떨했어요.

아마도 그래서일 겁니다. 글을 쓰는 일을 업으로 삼고도, 저는 늘 글을 쓰는 것이 두려웠어요. 스스로 준비가 덜 된 기자라고 느꼈거든요. 내가 틀린 주장을 하면 어떡하나, 그래서 누군가 내 기사를 비웃으면 어떡하나 노심초사했지요. 하지만 동시에, 자꾸만 쓰고 싶은 것들이 생겨났습니다. 화려한 줄로만 알았던 연예계에 어두운 이면이 있다는 걸 알았거든요. 제가 부러워하던 여성 아이돌 가수의 날씬한 몸매가, 사실은 섭식 장애를 가질 정도로 식단을 제한해서 얻어진다는 것을 알았죠. 제가 감탄해 마지않던 '칼군무'가 사실은 혹사 수준의 훈련과 연습으로 만들어졌다는 것도 알았고요. 이것이 몇몇 나쁜 사람들 때문에 생긴 문제가 아니라는 것 역시 압니다. 그보다는, 우리 사회에 만연한 외모 지상주의와 극단적인 성과 주의가 이곳 연예계에도 생채기를 낸 것이겠죠. 저는 말하고 싶었어요. 말해야 했어요. 우리는 외모에 등급을 매겨선 안 된다고, 성공을 위해 자신의 안전과 존엄을 내어 줘선 안 된다고, 그건 틀렸다고요.

돌아보면 기자로 일하는 지난 몇 년은 제게 불편함을 배우는 시간이었습니다. 당연하게 여기던 것들 안에서 당연하게 받아들여서는 안 되는 부당함을 발견하는 시간이었지요. 이 책에 실은 열 한 편의 글은 우리가 사랑하는 영화 안에 숨겨진 차별과 편견을 꼬집는 내용입니다. 여러분 가운데 몇몇은 이렇게 생각할지도 몰라요. '영화는 영화일 뿐인데, 별걸 다 불편해하네.' 하지만 저는 영화가 현실과 끊임없이 상호 작용한다고 믿습니다. 그 안에서 불편함을 끄집어 내는 일은 긴 시간 우리 사회에 스며 있던, 그래서 그 존재조차 인지하지 못했던 차별과 편견을 발견하는 것과 다르지 않다고 믿습니다. 글을 쓰는 것은 여전히 두렵습니다. 저도 모르는 새 혐오 표현을 사용하진 않았을지, 제 글이 누군가에게 상처가 되진 않을지 아직도 조심스럽습니다. 무엇보다, 제가 정답을 모른다는 생각이 들 때마다 자신감을 잃곤 합니다. 다만 "오답을 오답이라고 말해야 한다."던 편집자님 말씀에 용기를 얻었습니다. 지면을 빌려 다시 한 번 인사드려요. 고맙습니다. 덕분에 제가 무엇을 써야 하는지 다시 한 번 알게 되었어요.

좋은 기자가 되려면 어떻게 해야 할까요. 아직은 잘 모르겠습니다. 하지만 적어도, 틀린 것을 틀렸다고 말할 수 있는 사람이 되고 싶습니다. 그리고 이 책을 읽는 여러분께서 더 많은 '틀림'을 발견해 주시길, 그리하여 더 나은 사회를 만들어 주시길 깊이 소망합니다. 책이 나오기까지 도움을 주신 많은 분들과 저에게 '옳음'의 기준을 끊임없이 묻게 해 주신 선후배·동료 기자들, 끝으로 서투른 제 글을 읽어주시는 여러분께 감사드립니다.

이은호

목차

흑인에게
프라이드치킨을
권하는 게
화해
라고?

〈그린북〉(2019)

2020년 5월 25일 미국 미네소타주 미니애폴리스에서 한 흑인 청년이 백인 경찰의 과잉 진압으로 목숨을 잃는 사건이 벌어졌습니다. 청년의 이름은 조지 플로이드. 그는 위조 지폐를 사용한 용의자로 지목돼 경찰에게 체포당했습니다. 당시 그는 무기를 지니고 있던 것도 아니었고 더군다나 수갑까지 채워져 저항이 어려운 상태였는데도, 경찰은 무릎으로 그의 목을 8분 46초간 눌러 사망에 이르게 했습니다. 조지 플로이드는 "숨을 쉴 수 없어요. 저를 죽이지 마세요."라고 호소했지만 경찰은 듣지 않았어요. 그의 죽음은 거대한 분노를 불러왔습니다. 사람들은 조지 플로이드가 흑인이라는 이유로 억울한 죽임을 당했다며 거리로 쏟아져 나왔어요. 미국 전역에서 인종차별에 반대하는 시위가 벌어졌습니다. 시위대는 이렇게 외쳤어요. "Black lives matter." 흑인의 목숨도 중요하다고요.

이 구역엔 흑인의 출입을 금지합니다

영화 〈그린북〉(2019)은 인종차별이 극심하던 1962년 미국을 배경으로 펼쳐집니다. 당시 미국에선 인종 분리 정책이 시행되고 있었는데요. 인종 분리 정책이란, 흑인과 백인의 생활공간과 공공시설 사용 공간 등을 강제로 분리시키는 정책을 말합니다. 하지만 말이 좋아 '분리' 정책이지, 실상은 '차별' 정책이었습니다. 흑인에게 제공되는 시설과 서비스의 질은 형편없었고, 아예 흑인의 사용과 출입을 금지하는 경우도 많았으니까요. 백인 전용 시설에 들어간 흑인은 죽을 만큼 맞거나 구금을 당하곤 했습니다. 이에 뉴욕의 우체국에서 근무하던 흑인 빅터 그린은 동료 흑인 집배원들에게서 참고 자료를 얻어, 주(州)마다 흑인이 이용할 수 있는 숙소, 식당, 주유소 등을 정리해 '그린북'이라고 이름 붙였습니다. 영화 〈그린북〉의 제목도 여기에서 따온 것이지요.

주인공 토니 발레롱가는 이탈리아 이민자 출신의 나이트클럽 경비원으로, 입담과 주먹만 믿고 사는, 어딘가 모르게 건달 같은 사내입니다. 그러던 어느 날, 일하던 클럽이 문을 닫으면서, 실업자 신세가 된 토니는 지인에게 천재 피아니스트 돈 셜리의 운전기사 자리를 소개받아요. 그런데 이 돈 셜리라는 사람, 심상치가 않습니다. 세계적으로 인정받는 피아니스트이자 심리학을 공부한 박사이기까지 해요. 부와 명예는 물론 학식과 인품, 교양까지 갖춘 사람이지요. 그리고 무엇보다도, 돈 셜리는 아프리카계 흑인입니다. 당시 흑인들 대부분이 제대로 된 일자리를 구하지 못해 경제적인 어려움에 시달리던 것과는 사정이 180도 달랐지요. 돈 셜리는 미국 남부 지역으로 투어를 떠나기 위해 토니를 채용합니다.

남부 지역은 미국 내에서도 인종차별이 극심했던 것으로 악명이 높습니다. 1800년대엔 목화 농사에 필요한 인력을 흑인 노예로 충당했고, 노예제에 반대하던 공화당의 에이브러햄 링컨이 1860년, 대통령으로 당선되자 연방 정부에서 이탈하겠다고 발표해 남북전쟁에 불씨를 댕겼지요. 1863년 노예해방선언이 나온 지 한 세기가 지난 1960년대까지도 남부 지역에선 짐 크로 법(공공장소에서 흑인과 백인의 분리와 차별을 규정한 법)으로 대표되는 인종 분리 정책이 존재했어요. 버스나 화장실에 '흑인 전용 구역'이 있을 정도였죠. 셜리와 토니의 여정은 험난할 수밖에 없었습니다. 셜리는 양복 차림으로 술집에 갔다가 백인들에게 집단 폭행을 당하고, 한 부자의 저택에 공연하러 갔다가 집 안 화장실을 이용하지 못하기도 해요. 단지 그가 흑인이라는 이유 때문이었습니다. 이럴 때일수록 두 사람이 더욱 똘똘 뭉쳐야 하건만, 달라도 너무 다른 토니와 셜리는 사사건건 부딪치기 일쑤였습니다. 셜리는 토니가 너무 야만적이라고 생각했고, 토니는 셜리가 지나치게 고상하다며 툴툴대곤 했지요. 이런 두 사람이 가까워질 수 있었던 건 프라이드치킨 덕분이었습니다.

흑인은 모두 프라이드치킨을 좋아한다?

토니와 셜리는 공연을 위해 켄터키 지역을 방문합니다. 토니는 잔뜩 신이 났습니다. 켄터키가 프라이드치킨으로 유명한 곳이었거든요. 토니는 치킨을 사 와 셜리에게도 한 조각 권하지만 셜리는 "평생 프라이드치킨을 먹어 본 적이 없다."며 거절합니다. 그러자 토니는 이렇게 말해요. "개소리. 당신네 사람들 프라이드치킨에 옥수수, 이런 거 좋아하잖아요."

사람들은 흔히 프라이드치킨이 흑인의 '소울푸드'라고 생각합니다. 영화의 배경이 되는 1960년대뿐 아니라, 2020년인 오늘날도 마찬가지예요. 그런데 사실 이 프라이드치킨엔 가슴 아픈 역사가 있습니다. 17세기 백인 지배 계급이 버린 닭의 날개와 발, 목 부위를 흑인 노예들이 주워 와 기름에 튀겨 먹던 것이 오늘날 프라이드치킨으로 불리게 된 것이죠. 노예 제도가 폐지된 이후에도 흑인들은 프라이드치킨을 자주 먹었습니다. 인종차별이 극심하던 미국 남부에선 짐 크로 법에 의해 흑인은 백인이 출입하는 식당에 들어갈 수 없었는데, 이로 인해 음식을 싸서 다녀야 했던 흑인들이 장시간 보관할 수 있고 간편하게 먹을 수도 있는 프라이드치킨을 즐겨 먹었던 것이지요. 다시 말해 프라이드치킨은 비윤리적인 노예 제도와 인종차별적 사회 안에서 탄생하고 보급된 음식이었던 겁니다.

물론 토니가 이런 배경을 알고 프라이드치킨을 권한 것은 아닐 겁니다. 셜리 역시 처음엔 "비위생적일 것 같다."면서도 이내 프라이드치킨에 맛에 빠져들지요. 서먹하던 토니와 셜리의 사이가 치킨 한 조각 덕분에 가까워졌죠. 언뜻 유쾌해 보이는 장면이지만, 저는 이 장면이 두고두고 마음에 걸렸어요. 과연 이 장면을 본 관객들이 '흑인들은 프라이드치킨을 좋아한다'는 생각이 인종차별의 일종이라는 걸 알수 있을까요? 그래요. '인종차별'이요. 누군가는 이렇게 말할 수도 있겠죠. 토니가 흑인을 비하할 의도로 프라이드치킨을 권한 것도 아닌데, 그를 인종차별주의자로 몰아세우는건 너무하지 않겠느냐고요. 하지만 정말 그럴까요? 우리가미처 인지하지 못했던, 악의 없는 인종차별의 사례를 몇 가지 더 들여다봅시다.

흑인을 '흑형'이라고 부르는 게 인종차별이라고?

'흑형', '흑누나'. 여러분도 한 번쯤은 들어보거나 직접사용해 본 적 있는 표현일 겁니다. 각각 '흑인 형'과 '흑인 누나'를 줄인 말로, 흑인에 대한 친근감의 표시로 사용되곤 했죠. 온라인 커뮤니티나 SNS에 떠도는 '흑형의 미친 가창력'이나 '흑누나의 흔한 운동신경' 같은 글처럼, 흑인들의 뛰어난 신체적 능력을 칭찬하기 위해 사용되는 표현이기도 했습니다. 그런데 흑인들은 이런 표현이 인종차별적이라고 입을모읍니다. 콩고 출신 방송인 조나단은 한 예능 프로그램에서 "'흑형'은 한국인에게 '조센징'이라고 부르는 것과 비슷하다."고 지적했을 정도였어요. 칭찬의 의미로 한 말이 인종차별적으로 느껴진다니, 이상하지요? 하지만 생각해 보세요. 누군가를 칭찬할 때 그의 피부색을 거론해야 할 필요가 있을까요? 미국 뉴욕 출신의 유튜버 엉클잼은 '흑형', '흑누나' 같은 말이 흑인을 대상화하는 표현의 일종이라고 말합니다. 흑인을 나와 동등한 인간으로 보는 것이 아니라 '운동을 잘하는 존재', '노래를 잘하는 존재'로 가두어 생각한다는 것이죠. 심리학에서는 이처럼 장점을 기반으로 둔 편견을 '긍정적 선입견'이라고 부릅니다. 얼핏 칭찬처럼 보여도 편견은 편견이지요. 상대를 있는 그대로 받아들이지 않고 자신의 고정관념에 맞춰 평가하는 것은 결국 차별의 시작이 될 수 있다는 점에서 위험합니다.

이렇듯 차별은 말하는 사람의 의도와 상관없이 벌어지기도 합니다. 인터넷을 뜨겁게 달궜던 의정부고 졸업사진 논란을 아시나요? 매년 기발한 패러디 코스튬 플레이로 화제가 된 의정부고등학교 졸업 앨범에 일명 '관짝소년단'으로 알려진 가나의 상조 회사 직원들을 흉내 낸 남학생들의 사진이 실리면서 불거진 논란인데요. 학생들이 흑인의 얼굴을 재현하겠다며 얼굴을 검게 칠한 것을 두고 인종차별적이라는 지적이 나온 겁니다. 왜 이런 주장이 나오는 걸까요? 이를 이해하려면 우선 '블랙페이스'의 역사에 대해 살펴볼 필요가 있습니다.

    블랙페이스는 흑인이 아닌 사람이 흑인 흉내를 내기
위해 얼굴을 검게 칠하거나 흑인의 두꺼운 입술을 강조하기
위해 입술을 과장해 표현하는 분장을 말해요. 이런 블랙페
이스는 1830년대 영국과 미국 등에서 유행하기 시작했는데,
특히 19세기 중반 미국에서 인기를 누리던 한 코미디 쇼에
서 널리 쓰였죠. 당시 백인 배우들은 블랙페이스를 한 채 등
장해 흑인 노예의 삶을 희화화하는 공연을 선보이며 흑인에

대한 부정적인 고정관념을 확산시키는 한편 백인들에겐 노예 제도의 잔인함에 대해 둔감하게 만들었어요. 결국 1960년대 흑인 민권운동이 일어나면서 블랙페이스는 인종차별을 심화시킨다는 비판을 받으며 금기시됐죠. 블랙페이스처럼 분장을 통해 자신을 흑인으로 묘사하는 것은 피부 색깔때문에 겪는 차별의 역사를 무시하는 것과 다르지 않습니다. 의정부고 학생들의 '관짝소년단' 코스튬 플레이가 비판받은 것도 이 때문이었어요.

샘 오취리는 왜 사과해야 했을까?

물론 의정부고 학생들이 악의를 갖고 흑인 분장을 한것은 아닐 겁니다. 하지만 차별의 의도가 없었다는 것이 차별 행위에 면죄부를 주진 않습니다. 실제로 전문가들은 어떤 행위가 차별인지 아닌지를 판단할 때 행위자의 의도는 중요하지 않다고 말합니다. 중요한 것은 대상자의 감정이지요. '흑형', '흑누나'의 사례처럼 좋은 뜻에서 한 칭찬도 상대에겐 차별적인 언어로 들릴 수 있습니다. 웃자고 한 농담이상대에게 상처가 될 수 있는 것처럼요.

그렇다면 우리 사회가 해야 할 일은 무엇일까요? 인종

차별에 무감한 스스로를 돌아보고, 같은 문제가 재발하지 않도록 대책을 세워야겠죠. 그런데 안타깝게도 의정부고 졸업 사진을 둘러싼 논란은 엉뚱한 곳으로 불똥이 튀었습니다. 가나에서 온 방송인 샘 오취리가 자신의 인스타그램에 "2020년에 이런 것을 보면 안타깝고 슬프다. 흑인들 입장에선 매우 불쾌한 행동."이라고 언급한 뒤부터 그를 힐난하는 목소리가 높아진 겁니다. 샘 오취리가 인스타그램에 "한국이 다른 문화를 조롱하지 않고 이해할 수 있도록 하는 교육에 많은 노력을 기울여야 한다."고 쓴 글이 한국을 무시한 발언이라며 과한 지적이라는 비난이 쏟아져 나왔습니다. 심지어 샘 오취리가 5년 전 JTBC 〈비정상회담〉에서 두 눈을 찢는 행동으로 동양인을 비하했다는 보도가 나온 뒤론, 언론까지 합세해 그가 '내로남불'(내가 하면 로맨스 남이 하면 불륜)의 전형을 보여 줬다고 비난했습니다. 결국 샘 오취리는 자신의 표현이 선을 넘었다며 사과했습니다.

그 후 어떤 일이 벌어졌나요? 공주고등학교 남학생들도 '관짝소년단'을 패러디하며 얼굴을 검게 칠한 채 졸업 사진을 찍었습니다. 심지어 이 중 한 남학생은 샘 오취리를 태그하기도 했어요. 성찰하지 못하는 사회는 결국 같은 잘못을 되풀이할 수밖에 없습니다. 공주고 학생들의 졸업 사진은 이를 명백히 보여주는 증거라고 할 수 있겠지요.

샘 오취리의 동양인 비하 포즈에 '쉴드'를 치려는 것이 아닙니다. 하지만 당시엔 샘 오취리도, 다른 출연자들도, 그의 얼굴에 "가나 좀비 컴백."이라는 자막을 달아 내보냈던 제작진도, 그리고 시청자들마저 그의 행동이 인종차별이라는 사실을 인식하지 못했습니다. 다시 묻겠습니다. 그렇다면 우리 사회가 해야 할 일은 무엇일까요? 답은 아까와 같습니다. 인종차별에 무감한 스스로를 돌아보고, 같은 문제

가 재발하지 않도록 대책을 세워야 합니다. 한발 더 나아가, 당시 〈비정상회담〉에서 진행한 얼굴 찌푸리기 대회가 신체 장애인을 희화화할 수 있다는 사실 또한 인지할 수 있다면 더욱 좋겠지요. 가령, 턱을 바짝 당긴 채 눈동자를 가운데로 모은 방송인 기욤 패트리의 표정이 뇌성마비 환자나 사시 환자에게 상처를 줄 수 있다는 사실 말이에요. 이것을 반성하지 못한다면, 우리는 한때 유행했던 '얼굴 몰아주기' 놀이를 통해 끝없이 차별을 재생산하게 될 겁니다. 그것이 차별이라는 인식조차 없는 상태로요.

'흑인다움'을 거부한다는 것

〈그린북〉의 셜리는 토니가 권하기 전까진 한 번도 프라이드치킨을 먹어 본 적이 없다고 합니다. 단순히 그가 프라이드치킨을 좋아하지 않기 때문이었을 수도 있겠죠. 하지만 저는 이것이 '흑인다움'에 대한 거부 행위라고 생각해요. 흑인에 대한 편견을 깨는 것이 셜리 나름대로는 인종차별에 대한 저항이었을 거라고요. '흑인은 멍청하다.', '흑인은 게으르다.', '흑인은 범죄자다.'라는 편견이 인종차별을 정당화하던 시대에서, 그는 지나치리만큼 꼿꼿한 자세로 품위와 교양을 지키며 흑인에 대한 선입견을 무너뜨리려고 애를 썼지요. 하지만 그런 셜리에게 토니는 "당신보단 내가 더 흑인다울걸."이라고 말합니다. 빈민가에 살면서 신체 노동으로 생계를 꾸리는 자신의 처지가 궁궐 같은 집에서 여유롭게 사는 셜리보다 훨씬 더 흑인답다는 뜻이었어요. 하지만 토니는 피부 색깔 때문에 양복점에서 쫓겨날 일도 없고, 피부 색깔 때문에 술집에서 얻어맞거나, 집 안에 있는 화장실을 이용하지 못하거나, 형편없는 모텔에서만 머물러야 하는 수모를 당하지 않아도 되지요. 그런데도 그의 삶이 '흑인답다.'고 말할 수 있을까요? 토니의 이 말은 흑인들이 당한 인종차별의 역사를 지웠다는 점에서 모욕적입니다.

〈그린북〉을 만든 피터 패럴리 감독은 골든 글로브 시상식에서 이 작품이 뮤지컬코미디 부문 작품상을 받게 되자 "우리가 해야 할 일은 대화이고, 사람들을 각자의 차이로 판단하지 않으며 우리의 공통점을 찾는 것이다."라고 말했습니다. 인종부터 성격까지 달라도 너무 다른 토니와 셜리가 결국엔 친구가 될 수 있었던 것도 각자의 차이로 서로를 판단하지 않은 덕분이겠지요. 하지만 어떤 차이는 차별의 근거가 되기도 합니다. 토니는 셜리를 그의 피부 색깔로 판단하지 않았지만, 세상은 셜리를 그의 피부 색깔에 따라 대우했던 것처럼요. 차별의 정도만 달라졌을 뿐, 〈그린북〉의 이야기는 현재진행형입니다. 미국에선 여전히 흑인이 억울한 죽임을 당하고, 한국에선 블랙페이스를 지적한 흑인이 비난의 대상이 되는 일이 벌어지고 있죠. 그래도 내일은 오늘보다 더 나으리라는 기대를 품어 봅니다. 우리에겐 아직 반성의 기회가 남아 있으니까요.

영화 속
장애인은
왜
늘
착하기만 할까?

〈7번방의 선물〉(2013)

여러분은 '동네 바보'라는 단어를 보면 어떤 이미지가 떠오르나요? 얼굴에 말라붙은 허연 콧물 자국? 어눌한 말투? 싫은 말을 들어도 헤헤거리며 웃는 얼굴? 우리는 TV와 영화에서 수도 없이 많은 '바보' 캐릭터를 접해 왔습니다. 태초에 영구와 맹구가 있었고요, KBS2 〈개그콘서트〉의 장수 코너였던 〈집으로〉에선 개그맨 윤성호가 '빡구'라는 이름의 '바보'를 연기했지요. MBC 〈무한도전〉의 개그맨 정준하 역시 미션에 대한 이해력이 달린다는 이유로 '바보형'으로 불리곤 했어요. 여러분은 이들을 보며 어떤 기분이 들었나요? 저는 아주 오랫동안 죄책감 없이 웃곤 했습니다. 어딘가에는, 이런 바보 캐릭터 때문에 가슴에 멍이 드는 사람들이 존재한다는 사실을 새카맣게 모르던 채로 말이죠.

영화 〈7번방의 선물〉(2013)에 대한 이야기를 해 볼까 합니다. 여섯 살 지능을 가진 지적 장애인 이용구가 억울한 누명을 쓰고 교도소에 갇힌 뒤, 하나뿐인 딸 예승이와 기적적으로 다시 만나게 된다는 이야기를 그린 영화이지요. 주인공 용구는 혼자서 딸 예승이를 키우는 편부입니다. 마트에서 주차 안내원으로 일하며 한 달에 63만 8,800원을 벌어요. 2인 가구의 생활비로 턱없이 부족한 돈이지만, 용구는 월급을 받으면 예승이에게 세일러문 가방을 사 줄 꿈에 부풀어 있습니다. 하지만 그토록 기다리던 월급날, 용구는 아동 유괴 강간 살해범으로 몰려 경찰에 잡혀가게 됩니다. 수사는 엉터리였고 재판도 부실했어요. 용구는 사형을 선고받고 7번방에 수감됩니다.

"엄마 아팠어요. 내 머리 커서."

용구는 앞서 말한 '동네 바보' 이미지와 비슷한 구석이 많습니다. 얼굴에 콧물을 묻히고 있진 않지만 바가지 머리를 하고 있고, 어눌한 말투로 엉뚱한 소리를 해 대지요. 웬만한 일에는 "헤헤", "히" 하며 웃어 보이는 것도 마찬가지고요. 7번방에 처음 들어간 날, 용구는 자신을 이렇게 소개합니다. "이용구, 1961년 1월 18일 태어났어요. 제왕절개. 엄마 아팠어요. 내 머리 커서. 흐흐흥." 마트에서 일할 땐 응급처치 교육을 받다가 응급대원을 곤란하게 만들기도 했어요. 심폐소생술에 너무 몰입한 나머지 응급대원에게 진하게 입을 맞추거나 '정신을 차릴 수 있게 뺨을 때린다.'라는 지시에 뺨을 찰싹! 때려 버린 거지요. 웃으라고 넣은 장면이고 실제로도 웃긴 장면들입니다. 하지만 다르게 생각해 봅시다. 발달 장애인의 말투와 행동이 웃긴가요? 질문을 바꿔 보죠. 발달 장애인의 말투와 행동을 웃음거리로 만들어도 될

까요?

아마 많은 친구들이 '아니요.'라고 답할 겁니다. 우리는 장애인을 희화화해선 안 된다는 것을 이미 잘 알고 있으니까요. 하지만 '동네 바보'라는 표현이 붙으면 이야기가 달라집니다. 사람들은 '바보' 이미지를 하나의 개그 캐릭터라고 생각할 뿐, 그것이 발달 장애인을 희화화하며 그들에 대한 부정적인 편견을 강화한다는 사실은 인지하지 못하곤 하지요. 지적 장애인의 어머니인 류승연 작가는 저서 『사양합니다. 동네 바보형이라는 말』에 이렇게 썼습니다. "발달장애인에 대한 부정적인 이미지 확산에는 TV가 한몫하고 있었다. (중략) 인지가 낮아 상황파악을 잘 못해 엉뚱한 말을 하는 발달 장애인, 어른이 되어서도 유아기적 언어를 사용하는 발달 장애인. 개그맨들은 발달 장애인의 그런 부분을 부각해 남을 웃기는 재료로 사용했다." 〈7번방의 선물〉의 용구 역시 예능 프로그램 속 '바보 캐릭터'를 재현한다는 점에서 위와 같은 비판을 피할 수 없을 겁니다.

돌아보면 아직도 유머의 탈을 쓴 발달 장애인 희화화는 우리 주변 곳곳에서 이뤄지고 있습니다. MBC 인기 예능 프로그램 〈전지적 참견 시점〉에 배우 신현준이 출연했을 때, MC들은 그에게 영화 〈맨발의 기봉이〉(2006) 속 기봉이 연기를 보여 달라고 청한 적이 있습니다. 그러자 신현준은 눈을 위로 치켜뜨며 어눌한 말투로 인사했지요. 이를 본 MC들은 일제히 박장대소를 터뜨렸습니다. 아시다시피, '기봉이'는 지적 장애인 마라토너 엄기봉 씨를 모티브로 만든 캐릭터입니다. 방송에서 개인기라고 보여 준 '기봉이 흉내'는 결국 지적 장애인의 말투를 과장되게 왜곡해 웃음거리로 만든 것에 불과한 겁니다. 이것은 그리 먼 과거의 일이 아닙니다. 포털사이트에 '동네 바보'나 '바보 형'을 검색해 보세요. '맨발의 기봉이 개인기'나 '7번방의 선물 성대모사' 같은 키

워드를 검색해 보아도 좋아요. 지금 이 순간까지도, 얼마나 많은 사람들과 매체들이 발달 장애인을 놀림거리로 삼고 있는지, 발달 장애인을 나와 같은 하나의 인격체가 아닌 '어딘가 모자란 사람'으로 타자화 하는지 알 수 있을 겁니다.

장애인은 모두 착하고 순박하기만 할까?

저는 TV와 영화를 볼 때마다 왜 대중문화 속 발달 장애인은 언제나 착하고 순수한 존재로만 그려지는지 궁금했어요. 〈7번방의 선물〉도 마찬가지입니다. 용구는 비현실적일 정도로 성정이 착하고 유순해요. 경찰서에서 조사를 받다가 경찰들에게 얻어맞고, 교도소에선 예승이에게 전화를 걸려다가 보안과장에게 두들겨 맞고, 범행이 악랄하다며 7번방 재소자들에게도 집단 폭행을 당합니다. 하지만 화를 내기는커녕 제대로 된 저항 한 번 하지 않은 채 그저 맞기만 할 뿐이지요. 잘못한 게 없는데도 "잘못했어요."라며 빌기도 합니다. 그뿐만이 아닙니다. 용구는 자신을 때린 7번방 방장 양호를 대신해 옆구리에 칼침을 맞고, 교도소에 불이 나자 목숨을 걸고 보안과장을 구해 내기도 해요. 이렇듯 영화는 용구가 느꼈을 법한 공포나 분노에 주목하기보다는 그를 이해할 수 없을 만큼 착하고 순수한 존재로 묘사합니다. 결국 주위 사람들도 용구의 착한 마음씨에 감동해 그를 좋아하게 되지요.

외국 영화들도 마찬가지입니다. 작품 속 발달 장애인은 대개 선하고 순박한 존재로 그려졌으며, 세상에 찌든 비장애인은 이런 발달장애인을 보며 삶의 의미를 깨닫곤 했지요. 영화 〈레인맨〉(1988)은 냉소적이고 이기적인 성격의 비장애인 동생 찰리가 자폐증이 있는 형 레이먼드를 만나 변화하는 과정을 보여 줍니다. 영화 〈아이 엠 샘〉(2004)에선 엘리트 변호사 리타가 일곱 살 지능을 가진 샘을 변호하며 가족애를 깨닫기도 하고요. 배우 정우성이 주연한 영화 〈증인〉(2019)은 '자폐성 장애인은 거짓말을 못 한다.'라는 전제 아래 이야기가 진행되죠. 세 작품 모두 비장애인과 장애인의 화합을 그린다는 점에서 의미가 있지만, 발달 장애인을 착하고 순박한 인물로 한정한다는 점에서 한계를 가집니다.

어떤 친구들은 이렇게 물을 수도 있겠죠. '장애인을 착하고 순수한 존재로 표현하는 게 왜 나쁜가요?' 그래요. 어쩌면 '착한 장애인' 설정이 현실의 장애인을 보다 따뜻한 시선으로 바라보게 만들 수도 있겠죠. 하지만 이것은 발달 장애인을 의지와 감정을 가진 삶의 주체로 들여다보는 것이 아니라 '10세 이하의 지능을 가진 어린아이 같은 존재'로 표본화하는 것이기에 문제가 됩니다. 드라마와 영화가 발달 장애인의 부정적인 감정이나 욕망을 지워 낼 때마다 현실의 발달 장애인들에겐 '착하고 순수한 존재'라는 편견이 덧입혀집니다. 발달 장애인이 모두 나쁘다는 이야기가 아니에요. 다만 그들도 비장애인처럼 착할 수도 있고 못된 행동을 할 수도 있다는 뜻입니다. 비장애인들이 몇 가지 단어로 설명될 수 없는 복합적인 존재이듯, 장애인 역시 '착하다', '순수하다' 같은 말만으로 정의할 수는 없는 사람입니다. 단지 장애가 있을 뿐이죠. 장애인과 비장애인이 진정 공존하려면 장애인을 '특별한 사람'이 아닌 '나와 같은 사람'으로 인식하려는 자세가 필요합니다.

장애우가 아니라 장애인입니다

그런데도 왜 영화와 드라마에선 '착한 장애인' 설정이 되풀이되는 걸까요? 추측하건대 그들을 향한 측은지심을 유발하기 위함일 겁니다. 다시 말해 비장애인이 장애인에게 느끼는 감정을 연민이나 동정 정도로 제한하는 것이지요. 특히나 〈7번방의 선물〉은 용구를 착하고 세상 물정 모르는 이로 설정하는 데 그치지 않고, 용구에게 계속해서 가혹

한 시련을 안겨 주기까지 합니다. 용구가 어쩌다 7번방에 수용됐는지 좀 더 자세히 살펴볼까요? 그는 우연히 한 어린아이가 빙판길에 넘어져 정신을 잃은 모습을 목격합니다. 그리고는 자신이 배운 대로 아이의 허리띠를 풀고 심폐소생을 하는 등 응급처치를 시행하지요. 하지만 너무 많은 피를 흘린 탓에 아이는 결국 목숨을 잃습니다. 그런데 경찰은 용구의 응급처치를 성추행으로, 아이가 빙판 위에 넘어져 생긴 상처를 용구가 벽돌로 내리쳐 만든 상처로 몰아갔어요. 용구에겐 폭력과 회유를 써가며 허위 자백을 유도했고요. 재판에서도 용구의 무죄를 입증해줄 증거는 받아들여지지 않았어요. 용구는 7번방 식구들과 보안과장 민환의 도움을 받아 항소심을 준비하지만, 이번엔 숨진 아이의 아빠인 경찰청장이 용구를 옥죄기 시작합니다. 죗값을 달게 받지 않으면 용구의 딸 예승이가 무사하지 못할 것이라고요. 겁에 질린 용구는 또 한 번 거짓으로 죄를 인정합니다. 판사는 그에게 사형을 선고해요. 그리고 얼마 뒤, 용구는 형장의 이슬로 사라집니다.

사람들의 마음을 움직이기 위해 격정적인 감정을 불러일으키는 것만큼 효과적인 방법도 없을 겁니다. 용구를 극단적인 상황으로 몰아넣으며 눈물샘을 자극한 <7번방의 선

물>처럼요. 하지만 장애인에 대한 일반적인 동정심을 동력으로 이어지는 신파적인 전개에, 정말 아무런 문제가 없을까요? 용구에게 벌어진 모든 비극의 시작과 끝에는 발달 장애인에 대한 몰이해와 차별이 있습니다. 하지만 용구의 안타까운 사연에 눈물을 흘리다 보면, 용구가 단지 장애인이라는 이유로 당해야 했던 사회적인 폭력은 희미해집니다. 대신 '슬픔'이나 '안타까운' 같은 감정이 격렬하게 요동치지요. 감정을 추스른 우리는 생각해볼 필요가 있습니다. 용구가 무엇 때문에 억울한 죽음을 당해야 했는지를, 우리 사회가 장애인을 어떻게 바라보고 있는지를 말입니다.

예전만큼 자주는 아니지만, 요즘도 가끔 '장애우'라고 표현하는 사람들을 봅니다. '사람 인(人)' 대신 '벗 우(友)'를 써서, '장애인은 우리의 친구'라는 의미를 담은 표현이지요. 그런데 정작 장애인들은 이 단어에 거부감을 느낀다고 합니다. '장애우'라는 표현이 '장애인은 친구가 필요한 사람', 나아가 '장애인은 도움이 필요한 사람'으로 인식하게 만든다는 이유에서죠. 이게 왜 나쁘냐고요? 결국 '장애우'라는 단어에는 '장애인은 친구가 필요한데 친구를 사귀기 어려우니 비장애인인 내가 친구가 되어 줘야겠다.'라거나 '장애인은 스스로 문제를 해결할 수 없으니 비장애인인 내가 도움을 줘야겠다.'라는 태도가 전제되어 있기 때문입니다. 장애인을 동정하며 안타까워하는 시혜적인 태도는 장애를 개인의 불행으로 고착시킬 뿐 아니라, 장애인을 '경제적으로 부담이 되는 존재'로 인식시키는 결과를 낳습니다. 용구를 한없이 불쌍하고 동정적인 존재로 묘사하는 〈7번방의 선물〉이 제게 불편하게 다가온 것도 이런 이유에서였습니다.

이제 세상 밖으로

　　반가운 것은 대중매체에서 실제 장애인의 현실을 보여 주려는 시도가 최근 늘고 있다는 점입니다. SBS 드라마 〈스토브리그〉의 백영수와 JTBC 드라마 〈라이프〉의 예선우가 대표적인 예입니다. 백영수와 예선우 모두 후천적으로 하반신 마비 장애를 갖게 된 인물인데요. 장애인을 수동적으로 그려 내거나 장애를 극복해야 할 대상으로 보던 기존 드라마들과 달리, 〈스토브리그〉와 〈라이프〉는 장애인 역시 일상을 살아가는 보통의 존재라는 사실을 일깨운다는 점에서 의미 있는 작품입니다. 아쉬운 점이 전혀 없는 것은 아닙니다. 〈스토브리그〉에선 백영수의 형인 백승수가 동생의 장애를 보며 자책에 빠지는 장면이 자주 나오지요. 〈라이프〉의 예선우는 자신의 장애를 "벌 받은 것."이라고 표현하기도 했고요. '장애는 불행하고 죄스러운 것'이라는 인식이 반영된 결과입니다.

저는 언젠가 우리 사회가 장애에 '쿨'해질 수 있기를 꿈꿉니다. 어떤 사연으로 장애를 갖게 됐는지, 장애로 인해 힘들지는 않은지 캐내기보단, 장애를 내 몸 어딘가에 난 점처럼 여길 수 있는 사회를 기다립니다. 장애인을 '내가 도와줘야 하는 사람'이 아닌, '나와 더불어 사는 사람'으로 볼 수 있는 사회를 희망합니다. 물론 그 전에 반드시 해야 할 일이 있습니다. 바로 장애인에 대한 혐오와 차별을 뿌리 뽑는 일입니다.

인기 웹툰 작가 기안84가 네이버웹툰에 연재하던 〈복학왕〉에서 청각장애인을 비하하는 표현을 썼다가 사과한 적 있습니다. 청각장애가 있는 여성 캐릭터 주시은이 "하나마 머거야디."(하나만 먹어야지), "마이 뿌뎌야디."(많이 뿌려야지) 등 생각조차 어눌한 것처럼 묘사해 논란이 된 것이지요. 전국장애인차별철폐연대는 "주시은 캐릭터가 말이 어눌하고 발음도 제대로 못 하는 것도 물론, 생각하는 부분에서도 발음이 어눌하고 제대로 발음 못하는 것처럼 표현되고 있다. 이것만으로도 청각장애인에 대한 편견을 고취시키는데, 이번 연재물에서는 아예 청각장애인을 지적으로도 문제가 있

는 사람인 것처럼 희화화하고 있다."라고 지적했습니다. 혐오는 공기와도 같아서, 일상에 널리 퍼져 있을 뿐 아니라 그 존재를 쉽게 알아차리기도 어렵습니다. 우리가 흔히 쓰는 '병신', '지랄', '찐따' 같은 비속어들 역시 장애인을 얕잡아 보는 표현이지요. 심지어 정치인들마저 '벙어리', '절름발이', '정신병 환자' 등 장애인 비하하는 발언을 했다가 여러 번 도마 위에 올랐습니다. 그들 대부분이 "장애인을 무시하려는 의도는 없었다."고 말합니다. 그런데 어쩌면 아무 생각 없이 비하 발언을 쏟아 내는 것이 더욱 문제이지 않을까요? 장애를 결핍이나 비정상의 상태로 여기는 우리의 무의식을 그대로 드러내는 것이니까요.

장애인들은 어떤 모습으로 살고 있는지, 그들이 우리 사회와 어떻게 어우러질 수 있을지 궁금한 친구들에게 MBC가 2018년과 2019년 방송한 〈우리동네 피터팬〉을 강력 추천합니다. 장애인에 대한 편견을 깨고 그들을 평범한 존재로 불러냈다는 점에서 대단히 훌륭하고, 또 널리 알려졌으면 하는 프로그램이에요. 비장애인의 시선에서 장애인을 아프고 힘든 존재로 바라보는 게 아니라, 있는 그대로의 장애인을 보여 줌으로써 그들도 비장애인과 동등한 사회 구성원이라는 사실을 일깨워 주지요. 그뿐 아니라 지적장애나 자폐

성장애의 특징을 설명해 그들에 대한 이해를 돕기도 하고, 장애인들이 평소 겪는 불편함을 자연스럽게 짚어 내며 장애인과 비장애인이 공존할 방안을 모색하게 합니다.

보건복지부에 따르면 2019년 말 기준 등록 장애인은 261만 8,000명으로 전체 인구의 5.1%이라고 합니다. 하지만 실제로 일상에서 마주치는 사람들 가운데 장애인은 100명 중 5명은커녕 1,000명 중 5명도 될까 말까입니다. 돌이켜 보면 초등학생 땐 발달장애가 있는 친구가 반에 한 명씩은 있었던 것 같은데, 그 친구들은 모두 어디로 사라졌을까요? 아마도 어느 순간 사회로부터 격리됐을 가능성이 크겠지요. 우리 사회에 만연한 장애인 차별과 혐오를 피해서요. 어린 시절 같은 반이었던 발달 장애인 친구들을 다시 떠올려 봅니다. 영화와 드라마에서 봤던 '착하고 순수한 존재'가 아닌 그저 감정과 의지를 가진 존재로서, 내가 도와주거나 친구가 되어 줘야 할 존재가 아닌, 자신 몫의 삶을 살아 나가는 존재로 그들을 떠올려 봅니다. 그리고 장애인을 향한 편견과 차별이 사라지는 날을 소망합니다. 어떻게 해야 장애인과 비장애인이 더불어 살아갈 수 있는 세상을 만들 수 있을지, 여러분도 함께 고민해 보면 좋겠습니다.

뚱뚱한
사람은
자기 관리를
못한 거라고?

〈내 안의 그놈〉(2019)

요즘 10대와 20대 여성들 사이에서 '프로아나(pro-ana)'가 유행이라고 합니다. '프로아나'란 찬성을 뜻하는 '프로(pro)'와 거식증을 뜻하는 '애너렉시아(aneroexia)'를 합친 신조어로, 거식증에 대한 동경이나 동조를 뜻하는데요. 트위터 같은 SNS에는 자신이 프로아나임을 밝히고 함께 다이어트할 친구를 찾는 게시물이 하루에도 수십 개 이상 올라올 정도입니다. 프로아나족은 주로 무작정 굶기, 먹고 토하기, 씹고 뱉기 등의 극단적인 방법으로 체중을 감량한다고 해요. 저는 프로아나족이 공유하는 '꿀팁'을 살펴보다가 문득 무서워졌습니다. '어린 여성들이 위험하다.'라는 식의 위기감 때문이 아닙니다. 저의 무의식에 여전히 숨어 있는 마른 몸에 대한 환상이 다시 깨어날까 두려웠습니다.

그 개그, 하나도 웃기지 않습니다

이번에 이야기할 영화는 2018년 개봉한 〈내 안의 그놈〉입니다. 40대 '아재' 장판수와 10대 '고딩' 동현의 영혼이 바뀌면서 벌어지는 이야기를 그린 영화이지요. 판수는 명문 대학교를 졸업하고 폭력 조직에 몸담았던 '엘리트 건달' 출신입니다. 재벌가 딸과 결혼한 뒤 신분을 세탁하고 중견 기업의 대표가 되지만, 여전히 말보다 주먹이 앞서는 무서운 사내예요. 반면 동현은 뚱뚱한 몸과 소심한 성격 때문에 학교에서 따돌림을 당합니다. 모욕적인 이야기를 듣거나 괴롭힘을 당해도 싫은 소리 한 번 제대로 못 하는 아이였어요.

판수와 동현은 분식집에서 우연히 만났다가 영혼이 뒤바뀌는 사고에 휘말립니다. 혼자서 라면을 먹던 동현이 지갑을 두고 왔다며 난처해하자, 어딘가 수상한 모습의 분식집 사장님이 판수를 가리키며 "이 양반이 계산할 거야."라고 안심시키지요. 그런데 이 사장님, 칼만 안 들었지 날강도가 따로 없습니다. 아니 글쎄, "손님 계산하실까요? 한 그릇에 만 원씩, 5만 원 되겠습니다."하지 않겠어요? 비싼 라면값에 한 번, 동현이 먹은 라면 양에 두 번 놀란 판수는 이렇게 읊조 려요. "아놔, 저 돼지 새끼가 진짜……."

　　동현은 과체중에다 대식가입니다. 〈내 안의 그놈〉은 동 현의 이런 점을 코미디로 활용합니다. 영화를 좀 더 들여다 볼까요? 분식집에서의 첫 만남 이후 며칠 뒤, 동현과 판수 는 불의의 사고로 영혼이 뒤바뀝니다. 동현의 몸에 들어간 판수는 아내 서연을 찾아가 자신이 장판수라고 호소합니다. 하지만 서연은 판수의 말을 믿지 않죠. 오히려 이렇게 소리 칩니다. "네가 장판수면 내가 네 엄마다, 돼지 새끼야!" 판수 의 부하 만철도 동현을 "돼지 새끼."라고 부릅니다. 동현 때 문에 판수가 혼수상태에 빠졌다고 생각하는 그는 "네가 우 리 사장님을 이 비곗살로 깔아뭉개서……."라더니, "너 이 돼지 새끼. 너 한 번만 더 내 눈에 띄면 그땐 불판 위에 있을 줄 알아."라고 윽박지릅니다. 이렇듯 등장인물들은 동현의 뚱뚱한 몸을 '돼지'에 비유하며 그의 신체를 비하하는 발언 을 일삼습니다. 그때마다 객석에선 웃음이 빵빵 터져 나오 곤 했습니다만, 저는 웃을 수 없었습니다. 당연한 이야기이 지만, 누군가의 몸을 웃음거리로 삼는 것은 옳지 못한 일이니까요.

영화의 해로운 웃음은 여기에서 끝나지 않습니다. 서연의 집에 찾아간 동현(판수)은 결국 경찰에 잡혀가게 돼요. 그를 조사하던 경찰은 이렇게 묻습니다. "너 그 집은 왜 들어갔어? (동현을 흘끗 쳐다보더니) 뭐 훔쳐 먹으러 들어간 거야?" 이어지는 동현의 아빠 종기의 말. "우리 애가 좀 뚱뚱하긴 해도 남의 걸 함부로 뺏어 먹는 애는 아닙니다." 역시나 관객의 웃음을 공략한 장면이겠습니다만, 웃기기는커녕 오히려 화가 나기 시작합니다. 이 장면이 '뚱뚱한 사람'을 '식탐 때문에 다른 사람의 집에 무단으로 침입해 음식을 뺏어 먹을 수도 있는 사람'으로 묘사하고 있기 때문입니다. 이후에도 동현의 '먹는 입'은 우스꽝스러운 모습으로 그려집니다. 가령 종기가 동현에게 삼겹살이며 소시지, 햄, 만두 같은 것들을 산더미처럼 차려주자, 동현은 입가에 기름을 잔뜩 묻힌 채 음식을 해치웁니다. 음식을 '많이' 먹는 것과 음식을 '지저분하게' 먹는 것은 엄연히 다릅니다. 그런데도 〈내 안의 그놈〉은 입가에 음식을 묻힌 채 정신없이 식사하는 동현의 모습을 통해 뚱뚱한 사람의 먹는 행위를 게걸스럽고 걸신스럽게 표현합니다. 누군가의 신체와 외모에 대한 고정관념을 되풀이하고 있는 것이지요.

어떤 개그의 종말

그러고 보면 '뚱뚱한 몸'과 '뚱뚱한 사람의 식탐'은 방송사의 공개 코미디 프로그램에서 늘 놀림감이 되곤 했습니다. tvN 〈코미디 빅리그〉의 〈10년째 연애 중〉 코너는 이런 외모 비하 코미디 가운데서도 가장 심각했지요. 이 코너에선 날씬한 몸매의 개그맨 김진아와 몸집이 큰 개그맨 이국주를 끊임없이 비교하며 웃음을 안깁니다. 구조는 이런 식입니다. 먼저 10년 전 연인의 모습이 나옵니다. 당시 여자친구(김진아)는 날씬한 몸매에 성격도 상냥하고 애교스러워 남자친구와 늘 깨가 쏟아집니다. 하지만 10년 뒤 모습은 영 딴판입니다. 살이 찐 여자친구(이국주)는 식탐이 많고 성격도 우악스럽게 변해 있습니다. 웃음거리가 되는 쪽은 언제나 10년 후 여자친구였습니다. 남자친구에게 '돼지'라느니 '만삭 임산부'라는 모욕을 듣고 기분 나빠 하다가도 음식만 나오면 언제 그랬냐는 듯 즐거워하는 것으로 웃음을 안겼습니다. 〈10년째 연애 중〉은 이런 방식을 반복하며 2013년부터 2015년까지 1년 반 동안 공연됐습니다. 과체중인 사람은 식탐이 모든 감정에 우선한다는 인상만을 남기면서요.

타인의 신체를 비하하는 방식의 개그를 비판하는 목소

리가 높아지자 공개 코미디 프로그램은 더욱 교묘한 술수를 쓰기 시작합니다. 과체중 개그맨이 자신의 몸을 자조하는 방식을 택한 것입니다. 2019년 방송한 KBS2 〈개그콘서트〉의 〈표범, 티라미수 그리고 방울토마토〉 코너에선 과체중 개그맨들이 자신의 신체를 '셀프 디스'하는 것을 웃음 포인트로 삼았습니다. 가령 이런 식이에요. 세 개그맨이 배와 허벅지를 드러낸 차림으로 등장해 냅다 요상한 춤을 춥니다. 그러고선 이렇게 말해요. "내가 뉴스를 봤는데 요즘 월드스타 BTS가 그렇게 핫하다면서? (관객에게) BTS 보고 싶어요? B!T!S! (다른 개그맨의 배를 보여 주며) 배! 튼! 살!" 저는 이 코너를 보면서 몇 년 전 한 초등학생이 학교에서 '개그 프로그램에 나오는 뚱뚱한 개그맨을 따라 해 보라.'라며 놀림을 당했다는 기사가 떠올라 마음이 괴로웠습니다. 그리고 2020년 5월21일, 21년간 방영해 오던 〈개그콘서트〉는 재정비를 이유로 잠정 폐지되었습니다. 저는 이것이 마치 어떤 개그에게 내려진 사형 선고처럼 느껴졌어요. 다른 이의 신체적 특징을 조롱하고 깎아내리는 개그 말이에요.

한편 토크쇼 같은 예능 프로그램에서는 '뚱뚱한 사람은 자기 관리에 실패한 것.'이라는 메시지가 끊임없이 전파됐어요. 자신의 외모를 가꾸지 않는 사람, 특히 과체중 여성들은 '자기 관리를 못하는 사람'으로 낙인찍혀 온갖 조롱과 멸시를 감당해야 했지요. 그런데 참 이상해요. 자기 관리의 영역이 얼마나 넓은데, 사람들은 왜 날씬해지는 것만을 자기관리라고 생각할까요? 어쨌든 비만에 대한 부정적인 고정관념은 '뚱뚱해지면 안 된다'는 불안을 증폭시키고, 정상 체중인 사람도 자신을 비만으로 인식하게끔 만듭니다. 게다가 우리나라는 '정상 체중'에 대한 기준이 세계보건기구(WHO) 기준보다 깐깐합니다. 국내 정상 체중 BMI(신체질량지수)는 23 이하로, WHO 기준인 25보다 낮아요. 키 165㎝에 몸무게 65

풋-

한국 기준 넘 깐깐하네~

〈한국 기준〉   〈 WHO 기준〉

kg인 20세 여성을 예로 들어볼게요. 이 여성의 BMI는 23.3으로, WHO 기준에 따르면 정상 체중이지만, 국내 기준에 따르면 과체중으로 분류됩니다.

부정 출혈이 뭔 대수야, 살이 빠진다는데!

저도 살에 관해서라면 할 말이 아주 많은 사람입니다. 저는 월경을 시작하기도 전이었던 초등학교 고학년 시절부터 "살 빼야 한다."는 말을 입에 달고 살았던 '만년 다이어터'거든요. 사춘기 시절엔 체중이 50kg을 넘으면 하늘이 무너지는 줄 알았는데, 고등학교 입학 석 달 만에 10kg이 불더군요. 혹여 누군가에게 살이 쪘다는 지적을 받을까 봐 제가 먼저 나서서 저 자신을 돼지라느니, '하비'(하체비만)라느니 하는 말로 깎아내리곤 했어요. 대학생이 되어서는 '많이 먹어도 살이 안 찌는' 체질을 동경하기 시작했어요. 남들 앞에선 잘 먹는 체하다가 집에선 절식과 과식을 반복했죠. 당시저는 틈만 나면 동기 여학생들과 화장실 거울 앞에 딱 붙어 각자의 외모를 한탄했어요. 그땐 얼마나 세세하게 내 외모를 분석할 수 있는지가 성숙한 여성으로서 내 능력을 보여주는 척도인 줄 알았거든요. 상대가 뾰루지 얘기를 하면 저는 모공, 피부결, 솜털 얘기까지 해야 직성이 풀렸어요. 그것이야말로 '자기 관리 잘하는 여자'의 모범 답안이라고 생각했어요.

시간이 지날수록 몸을 평가하는 기준은 점점 더 세세해졌습니다. 종아리는 얇고 말랑해야 하지만 허벅지는 가늘면서도 탄탄하길 바랐어요. 뱃살은 또 어떻고요. 배꼽을 기준으로 윗배와 아랫배를 나누고 옆구리와 '뒷구리'를 나누어 평가했죠. 팔은 가늘어야 했고 목은 곧고 길어야 했으며 쇄골은 일자가 돼야 할 것 같았어요. 스물여덟 살 때로 기억해요. 병원에서 제공하는 56만 원짜리 다이어트 프로그램을 받은 적이 있어요. 한 달 동안 식욕억제제를 처방받고 일주일에 두 번씩 무슨 주사를 맞았지요. 며칠 안 가 부정 출혈이 생기더군요. 의사 선생님은 주사를 맞으면 호르몬이 영향을 받기 때문에 생리 주기가 불규칙해질 수 있다고, 아주 건조한 목소리로 말했어요. 등골이 서늘해지는 것 같았습니다. 내가 이렇게까지 살을 빼야 하는지, 의사 선생님은 내게 약과 주사를 처방해 줄 게 아니라, '내 몸 긍정하기 프로그램' 같은 걸 권해 주는 게 옳지 않은지 내 자신에게 묻게 되었어요. 하지만 저는 꼬박꼬박 병원에 나가 약을 타 오고 주사를 맞았습니다. 그때 제겐 날씬한 몸을 갖는 게 가장 중요했거든요. 자리에 앉아 있다가 일어나면 눈앞이 캄캄해지고, 머리카락이 왕창 빠지고, 손발이 차고, 하혈을 해도 살이 빠지니 신이 났어요. 날씬해졌다는 얘기를 들으면 기분이 좋았고 심지어 건강을 염려하는 말을 들어도 내심 우쭐했고요.

하지만 한 번도 제 몸에 만족하지는 못했어요. 아이러니하죠? 아랫배는 여전히 나와 있고, 엉덩이는 조금 쳐진 것 같고, 목은 너무 짧게 느껴졌어요. 살을 빼는 것이 끝나지 않는 추격전을 하는 것 같았어요. 그 무렵엔 음식을 먹는 게 두려워지더군요. 저는 음식을 좋아하는 사람인데, 그 음식이 나를 살찌게 만들 테니까요. 먹어도 살찌지 않는 사람은 얼마나 행복할까, 하다못해 입맛이 없거나 입이 아주 짧았으면 얼마나 좋았을까, 나는 왜 이렇게 먹는 걸 좋아할까, 끝이 보이지 않는 자학의 늪으로 빠져들곤 했어요.

이제 허무한 결말을 들려드릴 때가 됐네요. 병원에 다니면서 줄였던 몸무게 약 6㎏은 다이어트 프로그램이 끝나자마자 원래대로 돌아왔어요. 그 후 2년간 살이 쪘다가 빠졌다가를 반복하다가 지금은 병원에 갔을 때보다 2㎏쯤 더 늘어난 상태에요. 다시 병원에 가 볼 생각을 하지 않았다면 거짓말입니다. 저는 여전히 날씬한 몸매를 선망하고 있으니까요. 하지만 병원엔 가지 않기로 했어요. 운동을 한다면 살 때문이 아니라 체력을 위해 하고 싶어요. 고기와 인스턴트 음식을 줄이고 채소를 많이 먹자고 늘 다짐하고 있지만, 그것 역시 살 때문이 아니라 건강과 환경을 위해서예요. 스몰 사이즈 옷을 사면서 행복했던 때도 있었어요. 하지만 이제는 살을 빼야 한다는 생각을 버리는 것만으로도 훨씬 큰 행복을 얻을 수 있다는 걸 알아요.

다양한 몸을 긍정하다
〈시켜서 한다! 오늘부터 운동뚱〉

〈내 안의 그놈〉에서 동현의 몸에 들어간 판수가 가장 먼저 한 일 중 하나는 체중 감량이었습니다. 살을 뺀 동현은 순식간에 '인싸'가 돼요. 그래요. 동현은 흔히 말하는 '긁지 않은 복권'이었던 겁니다. 남학생들은 동현의 불주먹에 설설 기고 여학생들은 동현의 외모에 감탄하며 그의 곁을 맴돕니다. 저는 〈내 안의 그놈〉을 보면서 제가 만났던 아이돌 가수들을 떠올렸습니다. 몸매가 통통하다며 놀림받은 뒤 하루에 탄산수 두 병만 마시면서 살을 뺐다는 걸그룹 멤버, 음반 활동 땐 종일 에너지바 하나로 끼니를 때운다던 걸그룹 멤버, 하루에 닭가슴살 두 덩이만 먹는 식단을 1년간 유지했다거나 밀가루가 들어간 음식을 아예 끊었다는 보이그룹 멤버를요. 이들 대부분은 살을 뺀 모습으로 화제가 되며 이전보다 높은 인기를 누렸습니다. 체중을 감량하고 왕따에서 벗어난 동현처럼요. 하지만 달라져야 할 것은 이들의 몸이 아니라, 날씬한 몸매만을 아름답다고 여기고 과체중인 사람은 조롱하고 괴롭혀도 된다고 생각하는 우리 사회의 인식이지 않을까요? 획일화된 미의 기준에서 벗어나지 못한 채 날씬한 몸매만을 숭상하고 동경하는 분위기가 이어진다면, '개말라 인간'을 꿈꾸는 프로아나족들도 계속해서 늘어날 겁니다. 어딘가에선 섭식 장애로 쓰러지는 이들이 계속해서 생겨날 겁니다.

요즘 제가 즐겨보는 방송 중 하나는 코미디TV 〈맛있는 녀석들〉의 유튜브 프랜차이즈 〈시켜서 한다! 오늘부터 운동뚱〉입니다. 개그맨 김민경이 헬스 트레이너 양치승에게 운동을 배우는 프로그램인데요. 아무도 몰랐던 김민경의 운동 신경을 발견하는 재미가 쏠쏠합니다. 그는 어깨에 70kg의 바벨을 올린 채 스쿼트를 하고 가슴과 팔 근육으로 80kg짜리 추를 밀어내곤 하지요. 좋아하는 운동복을 입고 성실하고 바른 자세로 운동을 '즐기는' 그의 모습을 보고 있으면, 저도 당장 운동장으로 달려가 뜀박질을 하고 싶은 기분이

들어요.(물론 아직까진 기분만 들고 있긴 하지만요.) 이 프로그램의
백미는 김민경과 양치승이 운동을 끝낸 뒤 고기, 라면, 과자
등 각종 만찬을 즐기는 장면입니다. 운동의 목적이 체중 감
량에만 있지 않다는 사실을 환기하고, 먹는 행위를 살 찔 걱
정으로부터 해방시키는 것이지요.

　〈개그콘서트〉에서 김민경은 대개 식탐 많은 뚱뚱한
여자를 연기했고, 그런 모습을 타박하거나 한심하게 여기

는 것이 웃음을 유발하는 장치로 활용되곤 했습니다. 하지만 지금은 어떤가요? 근력을 타고났다는 의미인 '근수저'라는 별명과 함께 많은 여성에게 역할 모델이 되고 있습니다. 과체중에 대한 편견을 부서뜨리고, 날씬한 몸을 향한 강박에서 벗어나 다양한 몸을 긍정하게 만든 덕분이지요. 만약 제가 아이를 낳게 된다면, 그 아이에겐 〈내 안의 그놈〉 같은 세상이 아니라 〈시켜서 한다! 오늘부터 운동뚱〉의 세상을 물려주고 싶습니다. 더는 누구도 몸무게나 살 때문에 자신을 미워하지 않았으면 좋겠거든요. 저를 괴롭히던 오래된 살과의 전쟁을 이제, 드디어 끝낼 용기가 생겼습니다.

구성원의
희생으로
화목해지는
공동체는
건강할까?

〈수상한 그녀〉(2014)

프랑스의 작가이자 사상가 장 폴 사르트르는 이렇게 말했습니다. '인생은 B와 D 사이의 C다.' 여기서 B와 D는 각각 탄생(Birth)과 사망(Death)을 뜻합니다. C는 무엇일까요? 바로 선택(Choice)입니다. '인생은 탄생과 죽음 사이의 선택이다.' 쉽게 말해 선택이 운명을 결정한다는 뜻이지요. 우리는 살면서 수많은 선택을 합니다. 때론 자신이 한 선택을 후회하기도 하고요. 타임슬립(시간을 거스르거나 앞질러 과거 또는 미래에 떨어지는 일)을 소재로 한 영화와 드라마들이 끊임없이 제작되는 것도 이와 무관하지 않을 겁니다. 시간을 되돌려 잘못된 선택을 바로 잡고 싶다는 욕망은 동서고금을 막론하고 이어져 왔으니까요.

영화 〈수상한 그녀〉(2014)의 주인공 말순은 타임슬립의 기회를 얻습니다. 일흔 살 노인인 그는 우연한 기회로 스무 살 '꽃처녀'가 됩니다. 요즘 말로 하면 '인생 2회차'를 경험한 셈이지요. 말순의 인생은 기구했습니다. 부잣집 딸로 태어났지만, 결혼한 지 1년 만에 남편이 세상을 떠나면서 살림이 어려워졌지요. 게다가 갓난쟁이인 아들은 병 때문에 하루에도 몇 번씩 목숨줄을 놓으려고 했어요. 하지만 지독한 가난 탓에 아들에게 해 줄 수 있는 게 없던 말순은 그저 아들을 품에 안고 눈물로 빌 수밖에 없었습니다. "붙들어라.

제발 목숨줄 붙들어라."라고요. 천만다행으로 오갈 데 없는
말순 모자를 시장 골목 추어탕집 아주머니가 받아 줬고, 그
뒤 말순은 악착같이 아들을 키웁니다. 고생 끝에 낙이 온다
고 하죠? 말순은 찢어지게 가난한 와중에도 자식 공부만큼
은 원 없이 시켰고, 아들 역시 말순의 마음을 헤아린 건지
번듯한 대학교수가 돼 말순을 봉양합니다. 어느덧 노인이
된 말순은 자신 정도면 성공한 인생이라고 믿습니다. 하지
만 자신감이 지나쳤던 걸까요. 말순은 좀처럼 다른 사람의
말에 귀 기울일 줄을 몰랐습니다. 그의 괴팍한 성격 때문에
주변 사람들은 물론이고 가족까지 힘들어하지만, 그래도 말
순은 잘못된 건 그들이지 자신은 아니라고 생각하지요. 그
러던 어느 날 사사건건 말순에게 시달리던 며느리가 화병으
로 쓰러집니다. 설상가상으로 과거 말순을 도와줬다가 말순
에게 뒤통수를 맞았던 추어탕 식당 아주머니의 딸까지 나타
납니다. 자신이 살아온 인생에 깊은 회의를 느낀 말순은 낯
선 사진관에서 영정 사진을 찍기로 합니다.

〈수상한 그녀〉는 사회로부터 소외된 노인을 주인공으
로 내세웠다는 점이 눈에 띄는 작품입니다. 영화 초반 대학
생들은 노인을 '퀴퀴한 냄새가 나는 사람', '창피한 것 없는
사람'이라고 묘사하지만, 사실 그들 역시 하고 싶은 일이 있

고 로맨스에 가슴이 설레기도 한다는 사실을 환기하는 작품이지요. 그동안 몰랐던 부모님의 꿈을 만날 수 있다는 점에서 〈수상한 그녀〉는 세대를 아우를 힘을 가집니다. 어디 그뿐인가요? 스무 살 말순을 연기한 배우 심은경의 저력도 대단합니다. 억세지만 시원시원한 성격의 말순을 능청스럽게 그려 내면서도 깊은 감정 연기로 관객의 심금을 울리거든요. 덕분에 〈수상한 그녀〉는 개봉 당시 800만이 넘는 관객을 동원하며 2014년 설 연휴 극장가를 점령했고, 미국·일본·베트남 등 여러 나라와 리메이크도 계약했습니다. 심은경은 뛰어난 연기력을 인정받아 그해 백상예술대상, 부일영화상, 디렉터스컷 시상식 등 각종 영화제에서 여우주연상을 휩쓸었습니다.

결국 엄마에게는 희생하라고, 노인에게는 양보하라고 요구한다

스무 살 꽃처녀가 된 말순은 매일이 즐겁습니다. 젊은 시절의 유연한 근육과 관절을 되찾은 덕분에 곡예에 가까운 스트레칭도 할 수 있게 됐고, 튼튼한 이와 잇몸 덕에 뜯고 씹고 맛보는 즐거움도 누릴 수 있게 됐죠. 게다가 우연히 나간 노래 대회에서 재능을 인정받아 소싯적 꿈이었던 가수로 데뷔하게 됩니다. 자신의 실력을 먼저 알아본 방송국 PD와의 로맨스도 싹을 틔우고요. 이대로 '인생 리셋'이 가능할 줄 알았던 그때, 말순은 손자 지하가 교통사고를 당해 생명이 위험하다는 소식을 듣게 됩니다. 지하는 당장 응급수술을 받아야 하는데, 의사는 병원에 혈액이 없어서 수술이 어렵다고 말합니다. 지하가 수술을 받으려면 가족 중 누군가가 수혈을 해 줘야 하는데, 지하와 혈액형이 맞는 사람은 말순뿐이었어요. 문제는 말순은 피를 흘리면 다시 늙게 된다는 거였죠. 지하에게 피를 나눠 주는 건 말순의 인생을 좌우할 수 있는 행동이었어요. 영화는 말순에게 묻습니다. 지하를 살리는 대신 다시 노인의 몸으로 돌아갈 것인지, 아니면 지하를 떠나보내는 한이 있더라도 젊음을 지킬 것인지.

말순은 일말의 망설임도 없이 지하에게 수혈을 해 주기로 결심합니다. 아들 현철은 제 눈앞의 젊은 처녀가 어머니 말순이라는 것을 직감하고 눈물로 그를 설득합니다. 그냥 돌아가시라고. 새로 얻은 인생에선 명 짧은 남편도 얻지 말고, 못난 아들도 낳지 마시라고 말이죠. 하지만 말순은 이렇게 말합니다. "아니. 난 다시 태어나도 하나도 다름없이 똑같이 살란다. 아무리 힘들어도 하나도 다름없이 똑같이 살란다. 그래야, 내가 네 엄마고 네가 내 자식이 되니까." 말

순의 수혈로 지하는 목숨을 건지게 됩니다. 그리고 말순의 꿈이었던 밴드 보컬 자리는 손녀 하나에게 돌아갑니다. 말순은 할머니의 자리로 되돌아갑니다. 희생하고 양보하고 응원만 할 뿐, 자신이 주인공은 될 수 없는 자리로 말이지요.

여러분은 〈수상한 그녀〉를 보면서 어떤 감정을 느꼈나요? 많은 관객들이 가족을 향한 말순의 사랑에 감동받았을 겁니다. 하지만 영화를 좀 더 자세히 들여다보면, 이들 가족의 화목함이 결국 누군가의 희생으로 완성됐다는 걸 알 수 있습니다. 바로 현철의 어머니이자 지하·하나 남매의 할머니인 말순의 희생이지요. 말순에겐 사람들 앞에서 노래를 부르면서 느꼈던 성취감이나 새로운 사랑이 가져다준 설렘보다 가족을 지켜야 한다는 마음이 더욱 컸던 모양입니다. 영화는 이런 말순의 희생을 감동적이고 아름답게 그려 내며 모성애를 위대한 것으로 치켜세우지요. 이렇듯 〈수상한 그녀〉는 '젊은이들처럼 노인도 꿈이 있다.'라는 메시지를 야심차게 보여 주는 듯하다가도, 정작 결정적인 순간엔 자식이 바라는 어머니(할머니), 즉 가족에게 희생하는 어머니의 모습을 말순에게 투영합니다. 결국 꿈과 사랑을 욕망하던 '인간' 말순의 모습은 흐릿해지고, 누군가의 엄마 혹은 할머니로서의 말순만 남게 됩니다.

이야기는 여기에서 끝나지 않습니다. 〈수상한 그녀〉에는 또 다른 희생자가 있는데요. 바로 말순의 며느리 애자입니다. 애자는 말순의 무시와 간섭으로 스트레스를 받다가 결국 화병이 나 병원 신세를 지게 됩니다. 말순이 영정 사진을 찍으러 간 것도 가족들이 애자를 위해 자신을 요양원에 보내려 했기 때문이었지요. 하지만 말순은 청년이 된 뒤에도 왜 애자가 병에 걸렸는지, 자신은 애자에게 어떤 시어머니였는지 돌아보지 않습니다. 심지어 젊어진 말순이 잠시 집에 돌아간 날에도 말순은 애자에게 생선 조림 조리법을 두고 잔소리를 할 정도였어요. 영화에선 말순과 애자가 사이좋게 지하·하나를 응원하는 모습이 그려집니다. 하지만 말순이 자신의 행동을 반성하지 않은 상태로, 둘의 갈등이 원만하게 해결될 수 있을까요? 가령, 말순은 애자가 자식 교육으로 인한 고충을 호소할 때, "난 홀몸으로도 아들을 성공시켰다."거나 "네가 힘들 게 뭐가 있느냐."는 식의 잔소리를 하지 않을 수 있을까요? 고부갈등의 근본적인 원인이 해결되지 않은 이상, 말순 가족이 화목하기 위해선 결국 며느리 애자가 희생해야 합니다. 이것을 건강한 공동체라고 부를 수 있을까요?

또 다른 모성 신화 〈동백꽃 필 무렵〉

〈수상한 그녀〉의 주제를 관통하는 열쇳말은 '모성애' 입니다. 출생률이 낮아지는 요즘 같은 때엔 모성애의 가치 가 더욱 귀한 것으로 여겨지곤 하지요. 내색은 않지만 제 어 머니도 고민이 많은 것 같습니다. 첫째 딸은 비혼주의자이 고, 둘째 딸은 "결혼은 하더라도 아이는 낳지 않겠다!"라고 선언했기 때문인데요. 저와 언니는 벌써 수년 째 "손주는 막 내 아들에게 안겨 달라고 하세요."라고 엄마를 설득 중이지 만, 엄마는 때때로 "그래도 아이는 있어야지. 늙어서 어떡하 려구……." 같은 말을 혼자 읊조리시곤 합니다. 그래도 결혼 한 친구들 이야기를 들어보면 제 엄마는 양반인 편입니다. 신혼여행을 다녀오자마자 시부모가 자녀 계획을 물었다거 나, 아이를 낳지 않았다는 이유로 문제 있는 사람 취급을 당 했다는 친구의 이야기를 듣다 보면, 마치 제 일인양 정신이 아득해지곤 하거든요. 어떤 사람들은 부모가 되어야 진짜 어른이 되는 거라고, 모성애와 부성애야말로 진정한 사랑이 라고 말합니다. 물론 모성애가 아름답고 위대한 사랑임에는 틀림없습니다. 하지만 모성애가 모든 문제의 해결책인 양 생각하는 것을 바람직하다고 볼 수 있을까요?

지난해 지상파 드라마로는 이례적으로 시청률 20%를 돌파했던 KBS 2TV〈동백꽃 필 무렵〉역시 이런 '모성 신화'의 일종이라고 할 수 있겠습니다. 주인공 동백은 남편 없이 홀로 아들을 키우는 비혼모입니다. 그가 차린 술집 '카멜리아'로 옹산의 고개 숙인 남자들이 몰려가면서, 동백은 모계사회인 옹산 여 사장님들에게 공공의 적이 되는데요. 남들에겐 2,000원에 파는 인절미도 동백에겐 3,000원짜리가 되고, 술집을 운영한다는 이유만으로 "술만 파는 건지 다른 것도 쬐끔 파는지 알게 뭐유?"라던가, "술집 작부나 마담이나 업어치나 메치나."라는 비난을 들어야 하죠. 하지만 동백은 아들 필구를 먹여 살려야 한다는 일념으로 모든 시련을 견딥니다. 뒤늦게 나타난 동백의 엄마 정숙도 마찬가지입니다. 남편 없이 홀로 동백을 키웠던 정숙은 과거 궁핍한 살림 때문에 동백을 아동 시설에 맡겼는데요. 이후 수년 간 동백을 다시 데려오겠다는 생각 하나만으로 삶을 버텨 냈습니다. 술집에서 노래 부르는 수모도 마다하지 않았을 정도였죠.

동백과 정숙은 어머니로서 자신의 책임을 다하기 위해 온갖 고난과 멸시를 견뎌 냅니다. 두 사람을 보고 있으면, "여자는 약하다. 하지만 어머니는 강하다."라는 프랑스 대문호 빅토르 위고의 말이 절로 떠오르곤 하지요. 하지만 드라마가 모성애의 위대함을 강조할수록, 시청자의 머릿속엔 '엄마라면 어떤 희생도 감내해야 한다.'는 인식이 스며들곤 합니다. 저는 가끔 '내가 동백이라면 어땠을까.'라고 상상하곤 했습니다. 저라면 옹산 사람들의 텃세를 이기지 못해 금세 마을을 떠날 것 같았거든요. 하지만 그것이 과연 저의 문제일까요? 외지인을 받아들이지 못하는 지역 사회의 폐쇄적이고 배타적인 분위기는 괜찮은 걸까요? 한편 우리 사회엔 정숙처럼 경제적인 어려움을 견디지 못해 자식을 보육원에 위탁하는 한부모 가정이 많습니다. 이런 부모들은 '엄마(아빠)답지 못하다'고 손가락질받아 마땅할까요? 한부모 가정의 경제적 자립을 위한 지원책이 부족하다는 사실을 지적하는 것이 올바르지 않을까요? 우리가 한부모 가정에 대한 선입견이나 그들을 돌보지 못한 사회의 문제를 외면한 채, 이를 모(부)성애로 극복하라고 강요하고 있는 것은 아닐지, 〈동백꽃 필 무렵〉과 〈수상한 그녀〉를 보며 생각했습니다.

젊은 남성은 매력적이지만, 황혼의 로맨스는 우스꽝스러울 뿐

다시 〈수상한 그녀〉 이야기로 돌아가 봅시다. 스무 살이 된 노인의 이야기를 다룬 〈수상한 그녀〉는 마치 노년의 삶을 따뜻하게 위로해 주는 것처럼 보이지만, 때론 코미디를 위해 노인을 희화화한다는 느낌을 주기도 합니다. 대표적인 사례가 말순을 짝사랑하는 이웃집 박씨 할아버지인데요. 박씨는 60년 넘게 말순을 향한 순애보를 간직하고 있지만, 그의 사랑은 늘 우스꽝스러운 모습으로 그려지곤 합니다. 예를 들어 볼까요? 영화 초반 박씨는 말순을 대신해 몸싸움에 휘말렸다가 코피를 흘리게 됩니다. 회춘한 말순을 의심하며 그의 방을 뒤지다가 말순에게 들켜 흠씬 얻어맞고, 팔다리가 묶인 채 울부짖는 장면도 있지요. 말순의 밴드 멤버들과 수영장에 간 에피소드는 또 어떤가요? 자신이 말순을 지켜 주겠노라고 호언장담하더니 결국엔 홀로 기진맥진한 채 물가에 뻗곤 하지요. 칠십 노인 박씨의 사랑은 남사스럽고 우스꽝스럽게 그려질뿐, 진지하게 여겨지지 못합니다. 반면 박씨의 연적이라고도 할 수 있는 방송국 PD 한승우는 언제나 근사한 모습입니다. 수영장에서 물에 빠진 말순을 번쩍 들어 올리고 로맨틱하게 와인잔도 기울일 줄 알지요. 멋들어진 로맨스는 젊은이들에게만 허락되는 것일까요?

주인공인 말순은 또 어떤가요? 스무 살 말순은 실로 매력적인 사람입니다. 그는 장래가 촉망받는 가수이고, 실의에 빠진 밴드 동료를 "네가 얼마나 괜찮은 놈인지 너 자신이 모른다."고 위로할 줄 아는 좋은 친구이기도 하죠. 하지만 일흔 살 말순은 관객들이 쉽게 공감하기 어려운 인물입니다. 집 밖에선 자식 자랑에 여념이 없는 진상 노인이고, 집 안에서는 며느리에게 "집에서 남편이 벌어다 주는 돈으로 살림만 하는 애."라며 무시와 폭언을 일삼는 악덕 시어머니입니다. 스무 살 말순과 일흔 살 말순은 모두 같은 사람인데, 청년의 몸일 때와 노인의 몸일 때의 모습이 달라도 너무 다른 게지요.

우리는 어떤 할머니·할아버지가 될까

여러분은 '할머니', '할아버지' 같은 단어를 보면 어떤 기분이 드나요? 저는 할머니를 떠올리면 언제나 마음 한구석이 짠해집니다. 제 할머니도 〈수상한 그녀〉 속 말순처럼 자식과 손주들에게 희생적인 분이시거든요. 당신은 늘 낡은 옷에 오래된 반찬으로 끼니를 해결하시면서도, 자식들에겐 뭐 하나 더 챙겨 줄 게 없나 발을 동동 구르곤 하셨어요. 돌아보면 그동안 TV나 영화에 나오는 많은 노인들이 이런 '희생적인 부모(조부모)'의 모습을 하고 있었습니다. 멀게는 배우 유승호의 귀여운 아역 시절을 엿볼 수 있는 영화 〈집으로…〉(2002)가 있겠고, 가깝게는 치매 노인과 손녀의 동거를 그린 영화 〈감쪽같은 그녀〉(2019)가 있지요. 그런데 어느날 '나는 나중에 어떤 할머니가 될까?'를 생각해 봤더니 의외로 눈앞이 깜깜하더군요. 결혼 계획도 없고 아이를 낳을 생각은 더더욱 없는 내가 어떤 모습의 노인이 될지, 도저히 상상이 되지 않던 겁니다. 대중문화가 보여 주는 모성적인 할머니에 너무 익숙해진 탓에, '비혼 할머니'나 '아이와 손주가 없는 할머니'의 모습을 미처 떠올려 보지 못했기 때문이었어요. 노인에 대한 우리 사회의 상상력이 이렇게 빈곤하다는 걸 다시 한 번 깨닫는 계기가 되었습니다.

그래서 최근에는 71세 크리에이터 박막례 할머니의 유튜브 동영상을 열심히 챙겨 보고 있어요. 자식과 손주에게 헌신하는 할머니가 아니라, 나와 같은 복잡한 인간으로서의 할머니를 이해하고 싶었기 때문이에요. 다리가 더 아프기 전에 더욱 힘내서 도전하고 신나게 놀러 다닐 것이라는 이야길 들으며 노인에 대한 편견을 깨고, 동시에 나는 어떤 할머니가 될 것인지 힌트를 얻기도 했지요. 물론 JTBC 드라마 〈부부의 세계〉를 보며 "또라이의 세계."라고 말하시는 모습에 깔깔 웃기도 했고요. 저는 확신해요. 대중매체가 더욱 다양한 노인의 삶을 보여 줄수록, 우리는 더 많은 롤모델을 얻을 수 있을 것이라고요. 그런 날이 오면 여러분에게도 묻도록 하죠. 여러분은 어떤 할머니·할아버지가 되고 싶은지.

우리
아빠는
슈퍼맨?

〈탐정: 더 비기닝〉(2015)

언젠가 그룹 쿨의 멤버 김성수를 인터뷰한 적이 있습니다. 1990년대 혼성그룹으로 전성기를 누리던 가수이자 2000년대엔 MBC '무한도전'의 전신 '무모한 도전'을 비롯해 온갖 예능 프로그램에서 종횡무진 활약했던 인물이지요. 한때 사기와 사업 실패 등을 겪으며 잠시 연예계를 떠나 있기도 했습니다만, 2017년 'DJ KU:L'이라는 예명으로 다시 음악 활동을 시작했어요. 제가 그를 만난 것도 이즈음이었습니다. 당시는 김성수가 힙합과 일렉트로닉 댄스뮤직을 결합한 음악 페스티벌을 준비하고 있던 때였어요. 공연이 얼마 남지 않은 시점이어서, 그의 휴대폰으로 공연 관계자들의 전화와 문자 메시지가 바쁘게 날아들었죠. 하지만 김성수가 휴대폰을 잡아들었을 때는 딱 한 번, 딸 김혜빈 양에게서 전화가 왔을 때뿐이었어요. 혜빈 양은 애교 많은 딸이었습니다. "인터뷰를 끝내고 다시 전화하겠다."는 아빠 김성수의 말에 기자인 제게도 '사랑한다'는 인사를 전해 올 정도였으니까요. 김성수는 한참이나 딸 자랑을 늘어놨습니다. 딸의 수학 시험 점수가 얼마나 올랐는지, 어버이날 딸이 어떤 내용의 편지를 써줬는지를 신이 나서 얘기했어요.

그로부터 1년 뒤 김성수가 KBS 2TV 예능 프로그램 〈살림하는 남자들 시즌2〉에 딸 혜빈 양과 함께 출연한다는 소식을 들었습니다. 반가웠습니다. 김성수가 딸에게 아침밥을 차려주고 드라이어로 딸의 젖은 실내화를 말려주는 등 살뜰하게 보살피다가도, 화장이나 염색 같은 문제를 두고 딸과 투닥거리는 모습이 현실감 있고 재밌었어요. 김성수는 8년 전 비극적인 사고로 아내를 잃고 홀로 딸을 키우는 '싱글 파더'입니다. '한집에 모여 사는 아빠·엄마·친자녀'로 꾸려진 이른바 정상 가족이 TV 속 가족 예능 프로그램을 장악한 가운데서도, 결손성을 호소하지 않으며 살림과 육아를 일상으로 소화하는 김성수를 진심으로 응원했습니다.

〈탐정: 더 비기닝〉 속 '불쌍한 남편'들

대중문화 속에서 '살림하는 아빠'와 '육아하는 아빠'는 언제나 외계인 같은 존재였습니다. 2015년 개봉한 영화 〈탐정: 더 비기닝〉도 마찬가지였어요. 주인공 강대만은 만화방 사장이자 국내 최대의 미제살인사건 카페를 운영하는 파워 블로거입니다. 그는 한때 형사를 꿈꿨으나 신체적 결함으로 시험에서 낙방하고 말았죠. 그 때문일까요. 대만은 툭하면 동네 경찰서나 형사 사건 현장에 출몰해 훈수를 둡니다. 덕분에 만화방은 개점휴업. 손님은 없고 파리만 날릴 지경이었어요. 대만의 아내 이미옥은 어쩔 수 없이 생업 전선에 뛰

어들고, 가사 노동과 육아는 대만의 몫이 됩니다. 그러던 어느 날, 대만의 절친한 친구이자 형사인 이준수가 살인 사건 용의자로 지목됩니다. 대만은 우연한 기회에 관할 경찰서 강력계 형사 노태수와 팀을 이뤄 사건을 수사하기 시작합니다.

하지만 가사 일과 육아를 맡아 줄 사람이 없던 탓에, 사건 현장을 누비는 대만의 품엔 젖먹이 딸이 안겨 있었습니다. 태수는 그런 대만을 한심스레 쳐다보며 말합니다. "사내 자식이 불알 두 쪽 달고 얼마나 할 일이 없으면 마누라 일이나 거들고. 아휴, 한심스러워." 태수는 '베이비시터'라는 대만의 별명을 한심스러워했고, 집에서 설거지나 하는 남자를 '붕신'이라고 부르며 혀를 찼어요. 하지만 이런 태수에게도 반전이 있었으니, 바로 태수 또한 아내에게 꽉 잡혀 사는 공처가라는 점이었습니다. 해장을 하려고 두 딸의 요구르트를 먹었다가 아내에게 구박받고, 작디작은 고무장갑에 억지로 손을 끼워 넣으며 설거지를 하곤 했죠. 태수의 비밀을 알게 된 대만은 "우리가 대체 왜 이렇게 살아야 합니까!"라며 억울함을 호소합니다. 이전까진 서로에게 으르렁대기만 하던 대만과 태수는 '불쌍한 남편'이라는 정체성을 공유하며 우정을 쌓게 됩니다.

태수는 대만에게 "세상의 모든 여자들은 다 육식동물."이라고 가르칩니다. "처음엔 초식동물로 살다가 결혼과 동시에 본성을 깨닫고 이빨을 드러내지."라는 것이지요. 대만은 동조하며 "육식동물과 평화롭게 살 수 있는 비법이 결국은 돈뿐."이라고 한탄합니다. 백수에 가까운 대만은 물론, 번듯한 직업을 가진 태수마저 월급이 적다는 이유로 아내의 닦달에 꼼짝하지 못해요. 영화는 두 사람을 통해 돈 못 버는 남편의 설움을 전파합니다. 경제적인 능력이 떨어지는 남성이 아내에게 시달려 가사 노동으로 내몰리는 상황을 짐짓 웃음거리로 삼으면서 은근슬쩍 그들을 향한 연민을 내비치는 겁니다. 동시에 아내들은 남편의 꿈, 의리, 일을 이해하지 못한 채 잔소리나 퍼부어 대는 적대적인 존재로 그려지지요. '불쌍한 남편'과 '극성맞은 아내'의 조합은 '돈 벌어 오는 남편'이라는 성 역할 고정관념을 강화합니다. 그뿐 아니라 여성을 '돈만 밝히는 속물'이나 '이해할 수 없는 존재'로 표현하는 여성 혐오적인 맥락을 띠기도 하죠.

한편 영화 말미, 미옥은 사건 수사에 정신이 팔려 가정을 등한시한 대만에게 이혼을 요구합니다. 대만은 이혼만은 절대 안 된다며 미옥을 막아서지만, 미옥은 그런 대만을 사정없이 때리며 분노를 드러내요. 그렇지만 이런 미옥도 사건을 해결한 대만이 '용감한 시민상'을 받은 뒤 TV에 나와 "우리 가족 파이팅!"을 외치는 모습을 보며 마음을 누그러뜨립니다. 영화가 생각하는 좋은 남편, 자랑스러운 아버지는 직업적 성취를 통해 부와 명예를 쌓은 남성인 것입니다.

〈살림하는 남자들〉과 〈슈퍼맨이 돌아왔다〉

'살림하는 남자'를 연민 어린 시선으로 바라본 〈탐정:

더 비기닝〉과 달리, TV에선 가사 노동과 육아를 하는 남성들이 '살림남'이나 '슈퍼맨'으로 격상됩니다. 2016년 11월 처음 방송한 KBS 2TV 〈살림하는 남자들〉은 배우 김승우, 봉태규, 김정태, 아나운서 김일중, 개그맨 문세윤, 전직 배드민턴 금메달리스트 하태권이 살림에 도전하는 모습을 보여 주며 신선한 반향을 일으켰지만, 시청률은 2~3%대로 저조했어요. 그러자 제작진은 이듬해 2월 대대적인 개편을 거쳐 새로운 시즌을 내놨습니다. 시즌1이 제목 그대로 '남자들의 살림'에 초점을 맞춘 반면, 시즌2에선 출연 가족들의 일상을 한편의 시트콤처럼 보여 주었지요. 개편은 성공적이었습니다. 시청률은 10%대를 웃돌았고요, 2019년 열린 KBS 연예대상에선 〈살림하는 남자들 시즌2〉의 출연진과 제작진이 무려 4개의 트로피를 가져갔을 정도였죠. 미혼부 김승현, '싱글 파더' 김성수 등 미디어의 정상 가족 이데올로기(아빠·엄마·친자녀로 이루어진 전형적인 핵가족을 이상적이고 건강한 가족 형태로 여기는 가치관)를 깨뜨리고 다양한 형태의 가족을 보여 줬다는 점에서도 의미가 있죠.

하지만 〈살림하는 남자들〉이 과연 남성의 가사노동을 긍정적이고 자연스러운 것으로 인식하게 했느냐고 묻는다면, 제 대답은 '아니오'입니다. 〈살림하는 남자들〉 시리즈는

'살림하는 남자'를 필요 이상으로 상찬함으로써, 오히려 '가사 노동은 여성의 몫'이라는 인식을 재생산했습니다. 〈살림하는 남자들〉 속 남편들은 아내에게 근사한 요리를 대접하는 것만으로도 '자상한 남편', '로맨틱한 남편'이 됩니다. 이런 시선은 살림을 남편과 아내가 '함께하는 것'이 아니라, 남편이 아내를 '도와주는 것'으로 인식하게 만들지요. 때론 이 프로그램 MC를 맡은 개그맨 최양락이 남편들의 내조를 보며 닭살 돋아 못 견디겠다는 표정을 짓거나 "저건 오바다.", "남자들은 저런 행동에 거부 반응을 보인다."고 말하기

도 합니다. 저는 그때마다 〈살림하는 남자들〉의 공동 MC이자 최양락의 아내인 개그맨 팽현숙의 표정을 살피곤 해요. 그가 "말 같지도 않은 소리."라고 핀잔을 주면 그나마 숨통이 트이거든요. 도대체 언제쯤에야 살림하는 남편이 '로맨틱 가이'나 '남자들의 적'이 아닌, '평범한 남편'으로 받아들여질 수 있을까요?

아빠들의 2박 3일 육아를 다루는 KBS 2TV 〈슈퍼맨이 돌아왔다〉도 사정은 비슷합니다. 원래 이 프로그램은 아빠가 자녀를 전담해서 돌보는 상황을 보여 주면서 아빠의 가사노동 및 자녀 돌봄에 대한 참여를 높이는 것을 목적으로 제작됐다고 합니다. 그런데 자녀를 돌보는 아빠의 모습을 필요 이상으로 상찬하다 보니, 오히려 아빠들의 육아는 '특별하고 예외적인 일회성 이벤트'처럼 느껴집니다. 돌봄 노동에 지친 아빠들이 "엄마 곧 올 거야."라는 말로 자녀를 달래거나, 엄마에게 자녀를 맡기고 침대나 소파에 널브러지는 모습은 '결국 육아는 엄마의 몫'이라는 인식을 더욱 공고하게 하지요. 생각해 보면 애초 이 프로그램 제목부터가 성 역할 고정관념을 토대로 만들어졌습니다. 〈슈퍼맨이 돌아왔다〉라니. 엄마들은 육아에, 살림에, 경제활동까지 병행해야 겨우 '슈퍼우먼' 소리를 듣는데, 아빠들은 48시간 동안 독박 육아 좀 했기로서니 금방 '슈퍼맨'이 된다니요. 이보세요, 육아는 '원래' 아빠의 몫이기도 하거든요?!

내가 커서 어른이 되면 무엇이 될까

제 가족으로 말할 것 같으면, 아빠는 '슈퍼맨'과는 거리가 먼 분이셨습니다. 고등학교 교사로 일하셨는데, 살림이나 육아엔 영 젬병이셨거든요. 반면 엄마는 '슈퍼 우먼'의 표본이셨죠. 초등학교 교사로 일하시면서도 독박 살림에 독박 육아를 해내셨으니까요. 교사 부모를 둔 덕분에 저는 중학생 시절부터 "너도 부모님처럼 교대 가서 선생님 하면 되겠네."라는 말을 자주 듣곤 했어요. 저는 왜 그렇게 그 말이 싫었는지 몰라요. 교사 자녀들에게 교대 '프리패스'가 주어지는 것도 아닌데……. 하지만 더욱 고역이었던 건, 그 뒤에 붙은 얘기였습니다. "선생님 되면, 나중에 시집가서 애 낳고 일하기 좋잖아." 저기요. 일단 제가 결혼을 할지 말지부터 물어보셔야 하는 건 아닌지……? 그런데 경제학과에 진학한 저와 달리, 교사가 되고 싶어 사범대학에 입학한 남동생에겐 누구도 '나중에 장가가서 애 갖고 일하기 좋겠다.'는 말을 하지 않더군요. 혹시 제 남동생이 장가를 못 갈 것이라고 생각하신 건지……? 아니면 아이를 낳고 기르는 게 남동생의 직장 생활과는 무관한 일이라고 생각하신 건지……? 여러모로 희한한 경험이었습니다.

아무튼, 제가 어릴 때만 해도 부모님이 맞벌이하는 집은 많지 않았어요. 그래서 저는 동화책이나 교과서에서 엄마가 앞치마를 입고 출근하는 아빠를 배웅하거나, 엄마가 퇴근하는 아빠를 맞는 그림들을 보면서 늘 이질감을 느꼈습니다. 우리 집에선 볼 수 없는 풍경들이었거든요. 동요를 부를 때도 마찬가지였어요. "내가 커서 어른 되면 어떻게 될까

/ 아빠처럼 넥타이 매고 있을까 / 엄마처럼 행주치마 입고 있을까" 같은 가사 내용이 우리 집 모습과는 달랐으니까요. 어린 제가 접한 작은 사회에서, 엄마는 거의 유일한 '일하는 여성'이었어요. 어렸을 땐 엄마가 직장에 다니는 게 참 싫었거든요. 준비물을 두고 와도 가져다줄 사람이 없고, 소나기라도 내리는 날엔 우산을 들고 데리러 와줄 사람이 없었으니까요. 그런데 이제 와 생각해 보니 직장에 다니는 엄마를 둔 건 제게 행운이었습니다. 엄마도 직장 생활을 하느라 저희 남매를 제대로 돌보아주지 못한 것 같다며 미안해하셨어요. 아니, 엄마만 미안해하셨다고 말하는 게 더욱 정확하겠네요. 참 이상하죠. 아빠는 돈을 버는 것만으로도 아빠로서 책임을 다한 것처럼 여겨지는데, 왜 죄책감은 워킹맘들만의 몫일까요?

통계청 경제활동인구 조사에 따르면 2020년 2월 기준 여성의 경제활동 참가율은 52.9%라고 합니다. 15세 이상 여성 1,000명 중 529명 수입이 들어오는 일을 하고자 한다는 뜻이지요. 그런데도 TV, 영화 등 대중매체는 물론 교과서에서조차 '일하는 남성', '살림하는 여성'의 이미지가 반복되고 있습니다. 서울YMCA가 2019년 8월 24일부터 9월 24일까지 방영된 TV 광고 482편을 모니터링한 결과, 아이나 타인을 돌보거나 가사 노동을 하는 등장인물은 17명 중 16명이 여성이었다고 해요. 반면 '일해서 돈을 버는 사람' 역할엔 여성이 39명, 남성이 80명으로 나타났고요. 또 국가인권위원회가 2018년 초중고 교과서를 살펴봤더니, 일하고 퇴근하는 인물은 대부분 남성으로, 장바구니를 들고 쇼핑을 하는 사람은 여성으로 그려졌다고 합니다. 성 역할 고정관념이 여전히 곳곳에 살아 숨 쉬고 있다는 뜻이지요.

시대 앞서간 〈미스터 주부 퀴즈왕〉

권상우는 '살림남', '육아대디'와 연이 질긴 배우입니다. 〈탐정: 더 비기닝〉에서 주인공 대만을 연기한 데 이어 영화 〈히트맨〉(2020)에서도 사실상 전업주부에 가까운 캐릭터를 연기했거든요. 그가 연기한 인물 준은 국정원을 몰래 빠져 나와 신분을 세탁한 뒤, 웹툰 작가로 살아갑니다. 하지만 웹툰의 인기는 저조하고, 과거 때문에 변변한 직장을 갖지도 못해 아내가 벌어오는 돈으로 생활하지요. 영화 개봉당시 권상우를 인터뷰했었는데, 준을 설명하면서 '무능력한 가장'이라는 표현을 꽤 자주 쓰더군요. 저는 그때마다 마음한구석이 찝찝했습니다. 곰곰이 따져보면 준이 꽤 괜찮은 가정주부이자 양육자였기 때문이에요. 준은 국정원에서 일하면서 다진 탁월한 신체 능력을 바탕으로 가사 노동을 훌륭히 수행했고, 딸의 하굣길도 마중 나갈 만큼 다정한 아빠였어요. 심지어 틈틈이 건설 현장에서 용돈 벌이까지 했죠. 하지만 영화는 준의 가사 노동과 육아를 '경제적 능력이 없는 자들이 하는 일'로 규정하고, 준을 통해 끊임없이 '돈 못 버는 아빠의 설움'을 보여 줬습니다. 나중에는 '가장'이란 말도 불편해졌어요. 가장은 곧 가정을 이끄는 사람을 말하는데, 왜 대중 매체들은 가장은 남편(아빠)여야 한다고 굳게 믿는 걸까요?

그런 점에서 2005년 개봉한 영화 〈미스터 주부 퀴즈왕〉은 대단히 진보적인 작품입니다. 주인공 진만이 남성 가정주부로 설정이 되어 있는데요. 남성의 가사 노동을 다룬 여느 드라마나 영화와 다르게, 진만을 가사에 적응 못해 허둥거리거나 억지스럽게 우스운 모습으로 그리지 않습니다. 앞서 언급한 〈탐정: 더 비기닝〉이나 〈히트맨〉처럼 그를 안쓰럽게 보지도 않고, 〈살림하는 남자들〉과 〈슈퍼맨이 돌아왔다〉 같이 그의 가사 노동 및 육아를 과하게 상찬하지도 않지요. '바깥 일' 하는 아내 수희의 야망 또한 부정적이거나 비정상적인 것으로 묘사되지 않지요. 저는 이런 영화가 더 많아지길 바랍니다. '남자 주부'와 '여자 주부'를 동일하게 보는 영화. 남자에게 파란색, 여자에게 분홍색 옷을 입히지 않는 영화, 결국에는 성 역할 고정관념을 완전히 무너뜨릴 수 있는 영화. 그리고 이것이 영화 속 판타지에서만 그칠 것이 아니라, 현실에서도 이뤄지길 바랍니다. 여러분이 스스로 충분히 남자답지 못하거나 충분히 여자답지 못하다고 여기며 괴로워하는 일은 없기를. 남자와 여자는 그저 생물학적인 성별일 뿐, 그것이 누군가를 정의하거나 구속할 수는 없을 테니까요.

만화 속
여자 주인공들은
왜
짧은 치마를
입고 있을까?

〈너의 이름은〉(2018)

'프로 불편러'라는 말을 아시나요? 국립국어원 우리말샘에는 "매사에 불편함을 그대로 드러내어 주위 사람의 공감을 얻으려는 사람을 이르는 말"이라고 등재돼 있지만, 대부분 정치적 올바름에 따라 언행의 부적절함을 지적하는 사람을 조롱하듯 사용하는 말입니다. '정치적 올바름'이 낯선 친구들도 있겠죠? 정치적 올바름이란, 인종·성별·종교·성적 지향·장애·직업 등과 관련해 소수 약자에 대한 편견이 섞인 표현을 쓰지 말자는 운동을 뜻합니다. 쉽게 말해 소수 약자를 차별하지 말자는 움직임인 건데요. 이런 정치적 올바름을 주장하는 사람들이 비아냥의 대상이 된다니, 뭔가 이상하지 않나요? 하지만 자신에게 익숙한 것이 사실은 잘못된 것임을 받아들이는 일은 누구에게나 어렵습니다. 불편한 상황을 만든 자신을 반성하기보단, 불편함을 지적하는 상대를 비난하기가 훨씬 쉽지요. '프로 불편러'라는 조롱이 만들어진 것도 이 때문이 아닐까 생각해 봅니다.

연예부 기자로 일해 온 지난 몇 년은 제게 '프로 불편러'가 되는 법을 배우는 시간이었습니다. 이전까지 저는 차별에 아주 무딘 사람이었어요. 매주 토요일이면 TV 앞에 앉아 MBC 〈무한도전〉을 보며 깔깔 웃었지만, 〈무한도전〉의 고정 출연자가 모두 남성이라는 사실을 이상스럽게 여겨 본 적은 없었지요. 그런데 어느 날 문득, 궁금해졌습니다. '왜 〈무한도전〉이나 KBS 2TV 〈1박 2일〉 같은 인기 예능 프로그램엔 여성이 한 명도 없지?' 그날부터 TV를 보는 것이 불편해지기 시작했어요. 남성들이 떼를 지어 나오는 예능 프로그램들이 불편했고, 여성 게스트에게 애교를 요구하는 예능 프로그램들이 불편했죠. 뉴스를 틀면 나이 많은 남성 앵커와 젊은 여성 앵커가 나란히 앉은 모습이 보였고, 드라마에선 SBS 〈낭만닥터 김사부〉의 차은재처럼 실수를 연발해 피해를 주는 역할은 대부분 여성 캐릭터의 몫으로 돌아갔어요. SBS 〈더킹: 영원의 군주〉 속 정태을(김고은)은 또 어떤가요? 대한민국에선 강력반 형사였지만, 평행세계로 넘어가면서 '백마 탄 황제' 이곤(이민호)에게 보호 받는 의존적인 캐릭터가 되었지요. 불편한 것이 늘어날 때마다 저는 우리 사회에서 여성들이 처한 처지에도 눈을 뜨게 됐어요. 여성에겐 남성만큼 많은 기회가 주어지지 않는구나. 여성에겐 강도 높은 감정 노동이 요구되는구나. 여성은 경력과 능력이 아니라 젊음과 아름다움으로 평가받는구나. 여성은 언제나 감정적이고 수동적인 인물로 여겨지는구나…….

어떤 사람들은 말해요. 이것은 단지 개인의 문제라고요. 능력이 뛰어나지 못한 여성 방송인 혹은 여성 아나운서의 문제라고, 여성 게스트에게 애교를 요구하는 MC의 문제라고, 여성 캐릭터를 '민폐캐'로 그리는 작가의 문제라고 말이에요. 하지만 저는 확신해요. 이것은 구조의 문제입니다. 여성을 차별하는 사회 구조의 문제요. 코미디언 송은이는 방송가에서 섭외가 끊기자 자신이 회사를 차려 팟캐스트 〈비밀보장〉 같은 온라인 콘텐츠들을 제작했습니다. 그리고 이런 콘텐츠의 인기를 발판 삼아 다시 방송국으로 진출할 수 있었지요. 애초에 송은이는 능력이 없었던 게 아니라, 능력을 펼쳐 보일 기회를 얻지 못했던 겁니다. 반면 남성 출

연자들로만 구성된 예능 프로그램은 시청률의 고저와 상관없이 계속해서 제작되고 있습니다. 애교는 또 어떤가요? 그룹 카라의 멤버 강지영은 몇 해 전 MBC 〈라디오스타〉에서 애교를 보여 달라는 MC들의 요구를 거절하며 눈물을 보였다가 언론과 시청자의 질타를 받은 적 있어요. 팀의 리더인 한승연이 트위터에 사과문을 올릴 정도로 비난이 거셌어요. 이것이 과연 MC 개인의 문제일까요? 아닙니다. 여성은 밝고 순종적이어야 한다는 사회 인식의 문제예요. 반면 남성은 진취적이고 입체적인 존재로 여겨집니다. 드라마에서 남자 주인공이 해결사로 등장하는 것도 이 때문이죠. 많은 경우, 여자 주인공은 남자 주인공이 해결할 만한 문제를 야기하는 역할로 기능하게 됩니다. 결국 '민폐 여주'는 작가 개인의 문제가 아니라 남성과 여성을 향한 경직된 시선에서 만들어지게 된 겁니다. 이제 인정해야만 해요. 우리 사회에 성차별이 만연해 있다는 사실을요.

저는 이 영화가 불편합니다

일본 애니메이션 거장 신카이 마코토의 영화 〈너의 이름은.〉(2018)은 도쿄에 사는 소년 타키와 시골 마을 이토모리의 소녀 미츠하가 운석 낙하로 인한 비극을 막기 위해 분투

하는 과정을 보여줍니다. 시작은 '영혼 바꾸기'였습니다. 타키와 미츠하의 영혼이 서로의 몸에 들어간 것이지요. 영혼이 바뀌어 있는 기간은 단 하루뿐이었지만, 예측할 수 없는 빈도로 영혼 바꾸기가 벌어진 탓에 두 사람의 일상이 혼란스러워지기 시작합니다. 미츠하는 자신의 몸에 들어간 타키가 거친 행동을 해 곤란스러워하고, 타키는 자신의 용돈으로 군것질하는 미츠하 때문에 진땀을 빼요. 결국 두 사람은 서로에게 메모를 남기기로 합니다. 영혼이 바뀌었을 때 하지 말아야 할 일과 영혼이 바뀌었을 때 벌어진 일들을 적어두기로 한 거죠. 서로를 알아가며 차츰 가까워진 두 사람. 타키는 고민 끝에 직접 미츠하를 만나러 갑니다. 그런데 미츠하가 사는 이토모리 마을 인근에 다다랐을 무렵. 타키는 충격적인 이야기를 듣게 됩니다. 과거 이토모리 마을에 운석이 떨어져 지금은 폐허가 되었다는 얘기를요. 사실 타키와 미츠하가 살던 시대는 서로 달랐습니다. 미츠하는 타키보다 과거에 살고 있었죠. 이를 알게 된 타키는 미츠하에게 운석 낙하가 다가온다는 사실을 알려줍니다. 그리고 둘은 이토모리 사람들을 대피시켜 운석 낙하로 인한 인명 피해를 막으려고 노력합니다.

〈너의 이름은.〉은 개봉 당시 일본에서만 1,600만 명의 관객을 동원하며 흥행 신드롬을 일으켰습니다. 전문가들은 이것이 자연재해에 관한 일본인들의 아픔과 무관하지 않다고 말합니다. 운석이 떨어지는 거대한 재난이 동일본 대지진을 떠올리게 만들고, 이토모리 마을 사람들을 구하려는 타키와 미츠하의 노력이 지진으로 인한 일본인들의 집단적 트라우마를 위로해 주었다고 분석했지요. 나아가 타키와 미츠하가 서로의 이름을 묻고 또 물으며 어떻게든 기억해 내려는 모습이 국가적 재난의 희생자를 잊지 않겠다는 메시지로 풀이되기도 했습니다.

그런데 〈너의 이름은.〉에도 불편한 장면은 아주 많습니다. 첫 장면부터가 그래요. 타키의 영혼이 미츠하의 몸에 들어가게 됐을 때, 카메라는 잠옷 아래로 슬쩍 드러난 미츠하의 가슴을 비춥니다. 달라진 몸에 어리둥절해진 타키는 미츠하의 가슴을 주무르며 "너무 리얼하다."고 읊조려요. 이런 장면은 이후에도 여러 번 이어집니다. 또 한 번 미츠하의 몸에 들어간 타키는 미츠하에게 미안해하면서도 그의 가슴을 만져요. 심지어 미츠하가 운석 낙하로 죽게 된다는 걸 알게된 뒤 다시 미츠하의 몸으로 돌아가서는, 울면서도 가슴을 만지더군요. 이런 장면이 나올 때마다 관객들은 웃었습니다. 하지만 정말 웃어도 되는 장면일까요? 타키는 엄연히 다

른 사람의 신체를 만졌던 겁니다. 이건 성폭력이에요. 그뿐만이 아닙니다. 영화는 농구 경기를 하던 미츠하가 점프 후 착지할 때 가슴이 흔들리는 모습을 강조해 보여 주거나, 자전거를 타는 미츠하의 뒷모습을 아래쪽에서 담아내 속옷을 보여 주기도 했습니다. 여성 캐릭터의 신체를 성적으로 대상화한 것입니다.

일본 만화나 애니메이션을 자주 보는 관객이라면, 이런 장면이 익숙했을 겁니다. 저 역시 중학생 시절 소위 '소년만화'라고 불리는 〈원피스〉, 〈나루토〉, 〈이누야샤〉 같은 만화

책을 즐겨 봤었는데요. 만화에 나오는 여성 캐릭터들은 언제나 풍만한 몸매를 갖고 있었고, 그들이 입은 옷은 노출이 많거나 몸에 착 달라붙어 신체 굴곡을 드러냈어요. 그리고 이런 장면들은 '서비스 컷'이라고 불렸죠. 남성 독자들의 성적 욕망을 채워 준다는 의미일 거예요. 저도 처음 〈너의 이름은.〉을 봤을 때 '그러려니' 했습니다. 일본 만화에선 자주 등장하던 장면이니까, 그래도 영화의 메시지는 좋으니까 하면서요. 그러다 문유석 판사가 〈너의 이름은.〉에 대해 쓴 글을 보고 몹시 부끄러워졌습니다. 문 판사는 이렇게 썼어요. "물론 일본 만화나 애니메이션에 익숙하기 때문에 이런 묘

사들이 '관습적'인 것임을 알고 있습니다. 그런데 '관습적'이라는 거, 생각해 보니 이게 더 무서운 것 아닌가 싶네요. 쉽게 말하자면 '아무 생각 없이, 습관적으로' 아닌가요."(다음 스토리펀딩 판사 문유석의 미스 함무라비 5회: 〈너의 이름은.〉 누군가에겐 불편함) 저는 그 부끄러움을 동력 삼아 더는 '그러려니' 하지 않기로 했습니다. 〈너의 이름은.〉의 불쾌한 여성 묘사를 이 작품이 주는 감동과 별개로 생각할 것이 아니라, 이런 여성 혐오적인 묘사들을 〈너의 이름은.〉의 심각한 결함이라고 말하기로 한 거예요.

여자 주인공은 '민폐 캐릭터'?

주류 영화에서 여성 캐릭터는 어떻게 묘사되고 있을까요? 이를 가늠하는 몇 가지 테스트를 소개해 드리려고 합니다. 여러분은 '벡델테스트'가 무엇인지 아시나요? 미국의 여성 만화가 엘리슨 벡델이 1985년 고안한 영화 성 평등 테스트인데요. 벡델테스트를 통과하려면 이름을 가진 여자가 두 명 이상 나와야 하고, 이들이 서로 대화해야 하며, 대화 내용에 남자와 관련된 것이 아닌 다른 내용이 있어야 합니다. 벡델은 남성 중심 영화가 얼마나 많은지 살펴보기 위해 이 테스트를 만들었다고 해요. 남성 배우들이 주인공이 돼 남성들의 이야기를 다루는 영화가 많다는 건, 상대적으로 여성 배우들의 설 자리가 줄어든다는 뜻이고, 여성들의 이야기가 조명되지 못한다는 뜻이기도 하지요. 결국 벡델테스트는 영화계의 성차별을 짚어 내는 수단이라고 할 수 있겠습니다.

그렇다면 실제 얼마나 많은 영화가 벡델테스트를 통과했을까요? 영화진흥위원회가 발표한 〈2019년 한국 영화산업 결산 보고서〉에 따르면 2019년 개봉한 영화 가운데 가장 많이 흥행한 30편 중 벡델테스트를 통과한 작품은 13편에 그쳤습니다. 여전히 흥행 영화의 절반 이상에서 여성 캐릭터는 등장하지 않거나 아주 작은 역할만 맡은 겁니다. 2019년 흥행 1위 영화인 〈극한직업〉만 봐도 그렇습니다. 이 영화엔 주·조연과 단역을 포함해 총 다섯 명의 여자 캐릭터가 나오는데요. 이 중 이름을 가진 사람은 배우 이하늬가 연기한 '장 형사'와 배우 장진희가 맡은 '선희'뿐입니다. 반면 남성 캐릭터는 수를 셀 수 없을 만큼 많고, 이름을 가진 이들 또한 11명이나 됩니다. 여성 캐릭터의 수가 절대적으로 적다 보니 이들이 어떤 관계를 맺기도 어려워지겠죠. 실제로 〈극한직업〉에 여성들끼리 대화하는 장면은 딱 한 번 밖에 나오지 않습니다. 경찰과 마약 판매업자 간 마지막 결투에서 장

형사가 선희에게 사자후를 내뱉는 장면인데요. 그런데 이마 저도 남성 캐릭터인 마 형사와 관련된 내용이라 벡델테스트의 마지막 조건을 충족하지는 못합니다. 〈극한직업〉이 장 형사를 통해 능동적이고 독립적인 성격의 여성 캐릭터를 보여 준 점은 분명 의미 있다고 할 것입니다. 하지만 한편으로는 '구색 맞추기'용으로 여성 캐릭터를 끼워 넣은 것이 아닌가 하는 의심을 떨쳐 버릴 수도 없습니다.

또한 영화계에 따르면 설령 작품에 여성 캐릭터가 등장하더라도 절반 이상이 남성 주인공에게 구출되는 역할이거나 남성 집단의 감초 역할인 경우가 많았다고 합니다. 여성 캐릭터의 스테레오타입(고정관념) 재현 여부를 조사한 '여성 스테레오타입 테스트'에서 여성 캐릭터가 스테레오타입화된 것으로 판별된 영화는 흥행 상위 30편 중 13편이었습니다. 이 테스트는 '여성이 전적으로 남성의 구출 혹은 구원에 의지하는가?', '여성이 거의 남성으로만 이뤄진 집단에서 구색 맞추기나 감초로 기능하는가?', '자기 서사 없이 (범죄 등의) 피해자로만 전시되는 여성이 존재하는가?'와 같은 7개의 문항으로 이뤄져 있는데요. 이 중 1개 문항에만 해당되더라도 여성 캐릭터가 고정관념을 재현하는 것으로 판단합니다. 이번엔 영화 〈백두산〉에 이 테스트를 적용해 볼게요.

배우 수지는 〈백두산〉에서 만삭 임산부 지영을 맡았는데요. 지영의 출산과 모성을 강조하는 장면은 '여성 스테레오타입 테스트' 문항 중 '돌봄이 설득력 있는 서사 없이 여성의 당연한 의무나 본성으로 부여되는가?'에 해당하고, 간신히 연락이 닿은 남편에게 잔소리하는 등 민폐를 끼치는 장면은 '여성의 행동이나 결단이 설득력 없이 소개되며 남성을 곤경에 빠트리는가?'에 해당합니다. 즉 지영 캐릭터를 통해 여성은 감정적이고 미성숙하다는 부정적인 고정관념을 〈백두산〉이 반복한다고 볼 수 있는 거죠. 〈극한직업〉과 〈백두산〉은 대중적으로도 흥행했고 매우 재미있는 영화이지만, 그 안에도 불편함은 존재합니다. 감동적인 이야기 안에서도 관습적인 묘사로 마음을 불편하게 만들었던 〈너의 이름은.〉처럼요.

물론 다른 한편에선 그동안 영화계에서 소외됐던 여성들의 서사를 담아내려는 노력도 활발합니다. 조남주 작가의 소설을 원작으로 만든 〈82년생 김지영〉(2019)이 그 대표적인 작품인데요. 대학 졸업 후 홍보팀 직원으로 일하다가 전업주부가 된 김지영의 이야기를 통해 한국 여성들이 당하는 차별과 억압을 보여 줍니다. 어떤 사람들은 말합니다. 82년생 김지영은 가장 보통의 한국 여성이라고요. 반면 이렇게 말하는 사람도 있습니다. <82년생 김지영>이 여성의 피해를 과장해 남녀 갈등을 조장한다고요. 하지만 정말 그럴까요? <82년생 김지영>의 원작 소설을 보면, 실제로 존재하는 남녀차별에 관한 기사와 연구 자료, 통계 수치 등이 아주 상세히 소개되고 있습니다. 다시 말해 <82년생 김지영>은 남녀차별이 극심한 현실을 반영하고 있을 뿐, 여성의 피해를 부풀리거나 꾸며내지 않았다는 뜻입니다. 일부 언론은 <82년생 김지영>이 '성별 갈등'을 불러왔다고 하지만, 제 생각은 달라요. 저는 이것이 실재하는 차별을 인정하느냐 그렇지 않느냐의 문제라고 생각해요. 그리고 성차별적인 사회를 직시하는 것이 성 평등한 사회로 나아가는 첫 걸음이라고 믿고 있고요.

혐오는 공기처럼 퍼져 있다

흔히 여성 혐오라고 하면, 여성을 미워하고 싫어한다는 뜻으로 받아들이곤 합니다. 하지만 여성 혐오란 여성에 대한 적대감뿐 아니라 멸시, 편견, 차별을 모두 아우르는 말입니다. 여성 주인공 미츠하의 신체를 성적인 시선으로 담은 <너의 이름은.> 역시 여성 혐오적이라는 비판을 피할 수 없습니다. 여성을 하나의 인격체로 존중하지 않고, 성적 욕망의 대상으로 바라봤으니까요. 대중문화 속 여성 혐오는 너무나 많고 익숙해서 쉽게 알아차리기 어려울 정도입니다. 대중적으로 유행해 한때 미디어에서도 자주 등장했던 '된장녀', '김치녀', '김여사' 같은 표현 역시 전형적인 여성 혐오적 언어에 해당합니다. 과시적 소비를 일삼는 여성(된장녀), 남성에게 경제적으로 의존하는 여성(김치녀), 운전 실력이 미숙한 여성(김여사)의 이미지를 확대 생산하며 여성에 대한 부정적인 편견을 만들기 때문입니다.

요즘 자주 보이는 여성 혐오적 표현 중 하나는 "언니 저 마음에 안 들죠"입니다. "언니 저 마음에 안 들죠"는 2015년 한 예능 프로그램 촬영 중 두 여성 연예인이 개인적으로 나눈 대화에서 나온 말인데요. 이것이 유행어가 돼 무분별하게 사용되면서 '여자의 적은 여자'라는 편견을 만들기도 했습니다. 이런 '여적여' 구도는 여성들의 관계를 왜곡할 수 있다는 점에서 문제가 되는데요. '못생긴 여자가 예쁜 여자를 질투한다.', '나이 든 여자는 나이 어린 여자를 질투한다.', '뚱뚱한 여자가 날씬한 여자를 질투한다' 같은 여성에 대한 부정적인 편견을 만들어 내는 겁니다. 그뿐만이 아닙니다. 여성들이 공적 영역에서 벌어지는 갈등도 '여적여' 프레임을 통과하면 감정적이고 사소한 다툼으로 비추어지곤 하는데요. 2020년 4월 15일 있었던 제21대 국회의원 선거 개표 방송을 예로 들어 보겠습니다. MBC는 서울 동작을에 출마한 이수진 후보와 나경원 후보의 경합을 소개하며 "여성 법관 출신 닮은꼴 매치. (중략) 언니 저 맘에 안 들죠." 라는 내레이션을 넣어 논란이 됐습니다. 두 사람은 엄연히 국회의원 후보로 만나 경쟁하고 있는 것인데, 이것을 마치 개인적인 갈등이나 신경전처럼 묘사했다는 점에서 여성 혐오적이라는 비판이 나온 것이지요.

시청자의 항의가 쇄도하자, MBC는 당시 방송을 진행하던 앵커의 말을 빌려 사과했습니다. "의도는 전혀 아니었지만 세심하게 살피지 못해 오해를 불러일으킨 점 사과드린다."는 것이었어요. 앵커의 말대로, MBC가 여성을 폄훼하려고 이런 내레이션을 넣은 건 아니었을 겁니다. 다만 여성 혐오를 의도하지 않았어도, 우리가 얼마나 관습적으로 여성을 깎아내리고 있었는지를 보여 주는 사건이었어요. 실제로 "언니, 저 마음에 안 들죠."라는 말이 유머의 외피를 쓰고 유행하면서, 여성 혐오는 더욱 쉽게 우리의 일상에 스몄습니다. 혹자는 '유머는 유머일 뿐'이라고, 혹은 '드라마는 드라마일 뿐', '영화는 영화일 뿐'이라고 말하면서 여성 혐오를 두둔하기도 합니다. 그렇지만 혐오는 가장 친숙한 형태로 전달될 때 가장 무서운 법입니다. 우리도 모르는 사이에 우리의 사고를 마비시켜 불편함을 느끼지 못하게 만드니까요.

'프로 불편러'를 응원하며

불편함을 좋아하는 사람은 없을 겁니다. 자신이 불편하기를 바라는 사람도 없을 것이고요. 그럼에도 누군가가 계속해서 불편함을 말하는 건, 잘못된 언행 때문에 상처를 받거나 차별을 당하는 사람이 존재하기 때문일 겁니다. 저는 '프로 불편러'들이 더욱 나은 세상을 만들고 있다고 생각해요. 여성 출연자들로만 꾸려진 올리브 〈밥 블레스 유〉나 E채널 〈노는 언니〉 같은 프로그램이 나올 수 있는 것도, 뉴스에 안경을 낀 여성 아나운서가 나올 수 있는 것도, 여성 캐릭터가 주인공이 돼 사건을 능동적으로 해결하는 드라마가 인기를 얻을 수 있는 것도 모두 불편함을 꾸준히 외쳐온 사람들 덕분이라고요. 불편함은 많은 것을 바꿀 수 있습니다. 그 불편함을 지지해 주고 부당함을 바로잡으려고 노력하는 사람들이 많다면요. 저는 불편함을 동력 삼아 새로운 세상으로 나아가고 싶습니다. TV와 극장에서 더욱 많은 여성을, 더욱 다양한 여성을 보고 싶습니다. 여성과 남성이 공정한 환경에서 경쟁하길 바랍니다.

잠든
여자에게
몰래
뽀뽀,
이게 설렌다고?

〈건축학 개론〉(2012)

대학교에 입학한 뒤 한동안은 거의 매일이 술자리의 연속이었습니다. 개강 첫날엔 '개강 파티', 개강 첫 주 금요일엔 '개강 총회', 사회인이 된 선배들과 만나는 '홈 커밍 데이' 등 온갖 이름을 붙여 술판을 벌였지요. 즐거웠어요. 많이 웃고, 많이 떠들고, 많이 마셔대곤 했어요. 저는 맥주 한 잔에도 얼굴이 금방 달아오르는 편인데, 그래서 사람들은 제가 빨리 취한다고 생각했나 봐요. 자리를 옮기거나 파할 때면 동기나 선배들이 다가와서 괜찮으냐며 저를 부축해 주곤 했거든요.(전 정말 괜찮은데도요!) 대부분 여자 선배들이 먼저 나서 주었어요. 선배들은 아주 민첩했어요. 음……, 마치 술에 취한 여자 후배들을 미리부터 지켜보고 있었던 것 같았지요.

가끔 그 선배들이 생각나요. 제가 조금이라도 비틀거릴라치면 금세 나타나서 괜찮으냐고 물어주던 여자 선배들이요. 그리고 어쩌면, 그 선배들이 정말로 저를 예의주시하고 있었을지 모른다는 생각이 들어요. 왜냐면 제가 그러고 있거든요. 술을 마시다가도 여자인 친구가 술에 취한 기색을 보이면 저도 모르게 그쪽으로 신경이 쏠려요. 자리를 옮기거나 파할 땐 누구보다 빠르게 친구 옆자리를 사수해 부축해 주곤 하고요. 혹시 모르잖아요, 워낙 흉흉한 세상이니까……. 누군가는 제가 걱정이 너무 많다고, 유난이라고 생각할지도 몰라요. 하지만 고등학교 동창이 낯선 남자가 사준 술을 마시고 정신을 잃었다거나, 모 회사의 모 씨는 술만 마시면 손버릇이 나빠지니 조심하라는 이야기를 듣다 보면, 누구라도 저처럼 행동할 거예요. 늦은 밤 번화가에서 "여자들은 술을 공짜로 준다"며 난데없이 손목을 잡아끄는 클럽 직원을 만나봤거나, 여기저기서 날아드는 불쾌한 시선들을 느껴 본 적 있는 사람이라면, 저를 이해할 거예요.

승민아, 키스라는 거는 말이야…….

여러분의 첫사랑은 언제였나요? '사랑'이라고 표현하긴 조금 부끄럽지만, 저는 초등학교 5학년 때 처음으로 누군가를 좋아해 본 것 같아요. 상대는 같은 반 친구였는데, 짝꿍을 하면서 친해지게 됐죠. 틈만 나면 못살게 구는 다른 남자 애들과 달리 그 애는 퍽 다정스러웠어요. 책상에 반쯤 엎드려 제 눈을 똑바로 바라보며 수다를 떨던 모습에 가슴이 설레곤 했답니다. 이번에 이야기할 영화는 바로 이런 첫사랑의 기억을 담은 영화 〈건축학개론〉(2012)입니다. 스무 살 대학생 승민과 서연의 어설프고 풋풋했던 첫사랑을 그린 작품인데요. 개봉 당시부터 지금까지 '첫사랑 명작'으로 손꼽

히는데다가, 수지와 이제훈 등 주연 배우들의 활약도 뛰어났지요. 특히 납득이 역의 배우 조정석의 연기가 대단했습니다. 저는 아직도 〈건축학개론〉을 떠올리면 납득이의 능청스러운 대사가 제일 먼저 생각나요. 왜, 그 대사 있잖아요, "키스야? 그게 키스야?"로 시작하는. 서연과의 짧은 입맞춤에 설레 하는 승민에게 납득이는 일장연설을 들려줍니다. "키스라는 거는 말이야, 봐봐. 입술이 붙잖아. (중략) 이게 키스야. 네가 한 거는, 뽀뽀. 만나면 반갑다고 뽀뽀뽀." 그리고 이렇게 덧붙여요. "그것도 자는 애한테. 그건 범죄야, 범죄."

승민과 서연에게 무슨 일이 있었던 걸까요? 둘은 전날 건축학개론 수업 과제를 하러 구문역에 다녀왔습니다. 말이 좋아 과제지, 사실 소풍이나 다름없었어요. 둘은 철길을 나란히 걷고 막걸리를 마시면서 이런저런 이야기도 나눴습니다. 서연은 승민에게 자신은 나중에 아나운서가 되고 싶다고, 그러면 돈을 많이 벌거나 적어도 돈 많은 남자랑 결혼할 수 있을 거라고, 만약 부자가 되면 이런 곳에다가 집을 지을 거라고, 그땐 네가 공짜로 집을 지어달라고 말해요. 그리고는 자신이 살고 싶은 집을 그려 보여 주기까지 하죠. 집으로 돌아오는 길. 버스를 기다리는데 서연이 잠듭니다. 승민의 어깨에 머리를 기댄 채로요. 바짝 긴장한 승민의 시선이 서연의 입술에 가닿습니다. 잠깐의 망설임. 승민은 잠든 서연에게 입을 맞춰요. 승민은 '키스'라고 우기고, 납득은 '뽀뽀'라고 말했던 게 바로 그 입맞춤이었어요.

그런데 사실 승민이 제대로 따져 보아야 했던 것은, 그 입맞춤이 키스냐 뽀뽀냐 하는 것이 아닙니다. 승민은 잠든 애한테 입을 맞추는 건 범죄라던 말에 귀를 더 기울였어야 했어요. 맞아요. 상대방의 동의를 얻지 않은 입맞춤은 성추행입니다. 그런데 영화에선 승민의 입맞춤이 로맨틱하게 묘사돼요. 아름다운 배경음악이 깔리고, 벅찬 마음에 눈물까지 고인 승민의 표정을 보여 주잖아요. 게다가 사실 승민이 입을 맞췄을 때 서연도 깨어 있었다는 반전을 주며 승민의 행동에 면죄부를 발급하지요. 하지만 아무리 서연이 잠들지 않았다 하더라도, 나아가 서연 역시 승민을 좋아하고 있었다고 하더라도, 상대방의 동의 없는 신체 접촉이 성추행이라는 사실은 변하지 않습니다. 늦었지만, 이제라도 승민에게 얘기해 줘야겠네요. 승민아. 키스라는 거는 말이야, 네가 하고 싶다고 그냥 막 해 버리면 되는 게 아니야. 상대방도 너와 입을 맞추고 싶어 하는지, 우선 그것부터 확인해야 다음 단계로 넘어갈 수 있는 거야. 네가 한 건 키스가 아니고 뽀뽀도 아니야. 그건 범죄야, 범죄.

사랑이 아닙니다, 폭력입니다

위의 장면이 아름답게 표현될 수 있었던 건, 그간 한국
드라마와 영화가 로맨스를 가장한 폭력에 관대했기 때문일
겁니다. 남성이 여성을 벽에 밀쳐 입을 맞추는, 일명 '벽치
기'가 뭇 여성의 로망이었던 시절도 있었으니까요. 2010년
부터 2011년까지 방영했던 SBS 드라마 〈시크릿가든〉을 생
각해 보세요. 남자 주인공 김주원이 여자 주인공 길라임의
손목을 낚아채거나 거칠게 잡아끄는 장면이 자주 나오지 않
았던가요? 알고 보면 남성이 여성에게 신체적인 압력을 가

하는 폭력적인 장면인데, 드라마 방영 당시엔 터프하고 박력 있는 모습으로 받아들여졌지요.

tvN 드라마 〈또 오해영〉(2016)에선 남자 주인공 도경이 여자 주인공 해영을 벽에 밀치고 키스를 퍼붓는 장면이 나오기도 했습니다. 직전 장면에선 두 사람이 격렬하게 몸싸움을 벌이고 있었는데요. 해영이 가방으로 도경을 내리치자, 도경이 해영의 양팔을 붙잡고 벽으로 밀친 뒤 입을 맞춘 거예요. tvN은 이 장면에 "박도경과 오해영의 사랑 확인: 벽치기 키스."라는 이름을 붙여 홍보했습니다. 하지만 나보다 힘이 센 사람이 내 양팔을 제압하고 벽으로 밀어붙이는 상황을 상상해 보세요. 로맨틱한가요? 설레고 달콤한가요? 아니요. 그저 공포스러울 뿐입니다. 여성이 남성에게 저지르는 폭력도 문제가 되는 건 마찬가지입니다. 〈또 오해영〉의 해영은 자신의 연적이었던 동명이인 해영이 도경의 집에 와 있는 모습을 보고 화를 내요. 그러고는 돌을 던져 도경의 집 유리창을 깨뜨려요. 경찰에 신고해야 마땅한 장면인데도, 드라마는 해영을 애처로운 인물로 표현합니다. 씩씩한 척하지만 사실은 마음 여린 여자가 자신이 받은 상처를 표현하는 것으로 포장하지요. 하지만 이건 사랑이 아니에요. 폭력입니다.

한국여성민우회가 2017년 7월부터 2018년 6월까지 지상파와 종합편성채널, 케이블 채널 등 9개 채널에서 방영된 드라마를 분석한 결과, '로맨스를 가장한 폭력행위 및 태도' 유형은 강제적 신체접촉이 57.51%로 가장 많았습니다. 이 가운데선 〈시크릿가든〉의 김주원처럼 손목이나 팔목을 잡아 돌리거나 낚아채는 경우가 34.29%로 가장 많았고요, 볼이나 입에 강제로 입을 맞추는 경우도 24.9%나 되었어요. 상대를 억지로 끌어안거나, 어깨와 양팔 제압하는 장면, 벽에 밀치는 장면은 물론, 상대를 때리는 시늉을 한 장면도 1건 이상 나타났다고 합니다. 이런 폭력 행위의 주체는 대부분 남성으로 확인됐는데요. 문제는 드라마 속에서 남성 등

장인물이 여성 등장인물보다 사회적으로 높은 위치에 있을 때 폭력 행위가 자주 벌어졌다는 겁니다. tvN 드라마 〈김비서가 왜 그럴까〉를 예로 들어 볼까요? 회사 부회장인 영준과 그의 비서 미소의 로맨스를 다룬 작품이지요. 그런데 이 드라마 3회에선 이런 장면이 나옵니다.

회사 체육대회에 참가한 미소. 그는 같은 회사 남자 직원 귀남과 팀을 이뤄 2인3각 경기에 출전합니다. 그런데 미소를 짝사랑 중인 영준의 눈에 귀남과 미소가 어깨동무하고 달리는 모습이 포착돼요. 질투에 휩싸인 영준, 그날 자신의 방에서 미소에게 묻습니다. "1등만 할 수 있으면 누구하고든 스킨쉽 같은 건 상관이 없다?" 미소가 그렇다고 답하자 영준은 미소에게 몸을 밀착시키면서 "이 정도도 괜찮으냐"고 계속해서 물어요. 그러더니 급기야 미소의 팔을 자신 쪽으로 잡아끕니다. 결국 두 사람의 몸이 포개져요. 성추행이 연상되는 장면이지만 드라마는 이것을 로맨스로 포장합니다. 특히나 영준은 미소의 상사로, 미소는 영준의 지시를 거역하기 어려운 위치에 있습니다. 혹시 '권력형 성범죄'나 '위력에 의한 성폭력'이라는 말을 들어 보신 적 있는지요. 사회적 지위를 이용해 성폭력을 가하고 피해자에게 침묵을 강요하는 성폭력 범죄 유형을 가리킵니다. 〈김비서가 왜 그럴까〉 속 영준과 미소의 모습은 위력에 따른 직장 내 성폭력과 로맨스 사이를 아슬아슬하게 오갑니다. 하지만 드라마는 이것을 그저 달달하고 설레는 장면으로 포장하지요.

드라마와 영화에서 로맨스를 가장한 폭력이 반복되면 어떤 일이 벌어질까요? 사람들은 '그래도 된다.'는 메시지를 받을 겁니다. 잠든 상대에게 몰래 입을 맞춰도 된다, 상대의 손목을 거칠게 잡아끌어도 된다, 상대의 신체를 제압해 입을 맞춰도 된다, 부하 직원과 스킨쉽해도 된다…… 왜? 이건 폭력이 아니라 로맨스니까, 어차피 상대방도 내색은 하지 않을 뿐, 속으론 설레거나 좋아하고 있을 테니까.

서연은 어쩌다 '쌍년'이 되었을까

다시 〈건축학개론〉으로 돌아와 봅시다. 서연과 보내는 시간이 많아지면서, 서연을 향한 승민의 사랑도 점점 깊어 갑니다. 하지만 서연의 관심은 같은 동아리 선배인 재욱에게 향해 있어요. 망설이던 승민은 마침내 용기를 냅니다. 서연에게 자신의 마음을 보여 주기로 한 거예요. 승민은 열심히 고백의 말을 연습하고, 서연이 먼 훗날 살고 싶다던 집을 모형으로 만들어 서연의 집 앞으로 달려가요. 같은 시간, 서연은 동아리 종강 파티에 가 있습니다. 술을 못 마신다는 서연에게 재욱은 거듭 맥주를 권해요. 결국 만취한 서연. 재욱의 부축을 받으며 집으로 돌아오게 됩니다. 서연을 기다리던 승민은 근처 담벼락에 몸을 숨긴 채 두 사람을 지켜봐요. 그런데 아뿔싸. 의식을 반쯤 잃은 서연에게 재욱이 억지로 입을 맞추려고 하는 것 아니겠어요? 서연은 고개를 돌려 재욱을 피합니다. 그러자 재욱은 주위를 잠시 둘러보더니 서연을 집 안으로 데리고 가요. 잠시 후, 불이 켜집니다. 숨어 있던 승민도 그제야 나와 서연의 집 현관문에 귀를 가져다 댑니다. 시간이 얼마나 지났을까요. 승민은 서연에게 주려던 집 모형을 아무렇게나 버려두고, 택시 기사에게도 괜히 성질을 부립니다.

영화는 이 장면을 다음과 같이 설명합니다. "자신의 마음을 표현하는 데 서툰 순진한 승민은 입 밖에 낼 수 없었던 고백을 마음속에 품은 채 작은 오해로 인해 서연과 멀어지게 된다." 하지만 이것은 승민에게 '과몰입'한 서술일 뿐이에요. 이 장면을 올바른 시각으로 다시 해석해 보면 이렇습니다. "술에 취해 저항이 불가능한 여성에게 남성이 신체 접촉을 시도했다." 이것은 명백한 범죄행위입니다. 만약 서연을 집 안으로 데려간 재욱이 성관계를 시도하거나 실제 성

관계가 있었다면, 이것 역시 준강간에 해당하는 범죄가 되겠지요. 그렇다면 다음 중 승민이 취했어야 할 행동으로 옳은 것은 무엇일까요? ①서연에게 배신감을 느끼며 집 앞을 떠난다. ②재욱의 행동을 저지하거나 하다못해 인기척이라도 낸다. 그런데 그날 밤 사건 이후, 비난은 피해자인 서연을 향합니다. 승민에게 자초지종을 들은 납득이는 서연을 "쌍년"이라고 욕해요. 아마도 서연과 재욱이 그렇고 그런 사이이며 승민에게 '어장관리'를 했다고 생각한 것일 테지요. 영화가 승민의 상실감과 슬픔에 초점을 맞추면서 서연에게 가해진 범죄는 관객들의 기억에서 사라집니다.

〈건축학개론〉이 사건의 심각성을 축소하는 사이, 현실에선 또 다른 '서연'들이 생겨납니다. 조현각 미시건주립대 교수(사회복지학) 연구팀이 2016년 10~12월 서울 소재 6개 대학의 남녀 학부·대학생 1944명에게 설문한 결과, "대학 생활 동안 성폭력을 한 번이라도 당한 적이 있다."고 답한 사람은 159명(8.17%)이었습니다. 특히 이 중에는 피해자가 약물이나 술에 취한 상태에서 일어난 경우가 많았다고 해요. "약물이나 술로 잠들거나 의식을 잃어 무방비인 상태에서 상대방이 키스를 하거나 성적으로 만지려고 시도한 적이 있다."는 항목에 103명이 "그렇다."고 답했고, 같은 상황에서 성관계까지 했다고 응답한 사람도 46명에 달했습니다. 하지만 상술한 것처럼 영화는 이 사건을 '순진한 승민'의 '작은 오해'로 치부합니다. 재욱의 행동이 성폭력이라는 현실 인식이나, 승민이 자격지심에 눈이 멀어 위험에 빠진 서연을 외면했다는 비판적인 시각은 영화에서 찾아볼 수 없습니다.

'미투' 이후의 세상

"나도 당했다." 2018년 전 세계에 불어닥친 '미투 운동(Me Too Movement)'의 의미를 직역하면 이렇습니다. '나도 성폭력을 당했다. 당신은 혼자가 아니다.'라는 함의를 가진 표현이지요. 그동안 우리 사회에는 성폭력 가해자보다 피해자를 탓하는 분위기가 만연했습니다. 이 때문에 많은 사람들이 성폭력 피해를 당하고도 쉽사리 자신의 피해 사실을 밝히지 못했는데요. 하지만 '미투'라는 외침이 메아리로 퍼지면서, 피해자들은 성폭력이 자신의 잘못으로 벌어진 일이 아니라, 가해자의 문제이자 이를 방관하는 사회의 문제라는 사실을 말할 수 있게 되었습니다.

성폭력은 나이와 장소를 가리지 않고 벌어집니다. 안전하다고 믿었던 학교마저 예외적인 장소가 되지는 않지요. '스쿨 미투'의 시초로 꼽히는 서울 용화여고에선 그동안 어떤 일이 벌어졌을까요? 2018년 3월, 용화여고 졸업생 96명이 재학 시절 교사들로부터 상습적으로 성희롱과 성추행을 당했다고 폭로했습니다. 일부 교사들이 수업 도중 성적인 농담을 하고, 여학생의 신체를 툭툭 치거나 입술이나 볼에 입을 맞추기도 했다는 주장이 터져 나왔어요. 당시 진행한 설문조사에 따르면 응답자 337명 중 절반 이상인 175명이 "직접 성폭력을 당했다"고 말했습니다. 재학생들도 학교 창문에 "WITH YOU", "WE CAN DO ANYTHING" 등의 문구를 써 붙이며 피해자와 연대했고요. 용화여고에서 시작한 '스쿨 미투'는 불씨처럼 번졌습니다. 1년 만에 전국 100여개

학교에서 '스쿨 미투' 운동이 벌어졌어요. 그래도 갈 길은 여전히 멉니다. 가해자들에겐 제대로 처벌이 이뤄지지 않았고, 피해자들은 여전히 침묵을 강요받고 있으니까요. 하지만 지치지 말기로 해요. 식지 않고 타오르는 용기와 연대야말로 교내 성폭력을, 나아가서는 학교에서 벌어지는 온갖 부당함을 끊어 낼 힘이 될 테니까요.

'미투' 운동이 세상을 바꾸고 있다고 저는 믿습니다. 연인 간의 사적인 일로 치부되던 각종 폭력과 친밀함의 표시인 양 행해지던 성희롱과 성추행이 이제는 범죄행위로 인식되고 있잖아요. 영화와 드라마에서 익숙하게 보아 오던 장면들도 이제 다르게 돌아볼 필요가 있습니다. 만약 〈건축학개론〉의 서연이 지금을 살고 있다면 어땠을까요? "썅년"이라고 억울하게 비난받는 대신, 피해자로서 지위를 찾을 수 있지 않았을까요? 또한, 서연의 투쟁이 외롭지 않으려면 우리도 서연과 연대해야 합니다. 승민에게 몰래 입 맞추지 말라고, 재욱에겐 억지로 입 맞추지 말라고 외칠 수 있어야 합니다. 여러분 주변에도 서연과 비슷한 경험을 가진 이가 있을지도 모릅니다. 부디 그들의 말에 귀 기울여 주시고 힘을 실어 주세요. '미투' 이후의 세상은, 지금, 우리가 만들어 가고 있습니다.

조선족이
많은 곳엔
칼부림이
자주
난다고?

〈청년경찰〉(2017)

여러분은 어른이 되면 무엇을 해 보고 싶나요? 운전면허 따기? '불금'에 '치맥'하기? 조금 이상하게 들릴 수 있겠지만, 저는 제가 번 돈으로 회를 사 먹을 때 '내가 어른이 되었구나.' 느끼곤 합니다. 그래요. 생선회 말이에요. 저는 회를 무척 좋아합니다. 하지만 한 끼 식사로는 양이 적고 가격이 비싸, 직장인이 되어서도 회를 사 먹는 건 나름의 각오가 필요한 일이었지요. 그러던 어느 날, 친구에게서 마포농수산물시장의 회 센터에선 일반 횟집보다 싼값에 회를 먹을 수 있다는 고급 정보를 입수했습니다. 저는 친구들을 불러 모아 마포농수산물시장으로 향했습니다. 혹여 바가지를 쓰게 될까 "호구처럼 보이지 말자."고 결의를 다지며 시장으로 입성했지요. 그땐 몰랐습니다. 어색한 시선으로 가게를 훑으며 모든 상인에게 '철벽'을 치는 모습이야말로 그 시장에 있는 누구보다 호구처럼 보인다는 사실을⋯⋯.

"우리 중국사람 아니에요."

때는 2020년 2월 초로, 중국 우한시에서 시작한 코로나19가 국내에서도 기승을 부리기 시작하던 때였습니다. 초기 감염자 대부분은 우한에서 입국한 사람들이었는데, 그래서 중국인에 대한 막연한 공포가 사회에 만연했어요. 저와

제 친구들도 마찬가지였습니다. 그런데 하필, 그날 저희가 회를 먹은 시장 2층 식당에 중국어로 대화하는 한 무리의 사람들이 있었습니다. 게다가 계산대 앞에서 그 사람들과 마주치기까지 했지요. 친구 중 한 명은 저와 또 다른 친구의 팔을 바싹 잡아끌며 작게 속삭였습니다. "중국인이야." 그들과 가까이 있지 말라는 뜻이었어요. 우리는 황급히 계산을 마치고 도망치듯 식당을 나섰습니다. 우리의 낌새가 심상치 않다는 걸 느꼈던 걸까요. 중국어로 대화하던 일행이 다급히 외쳤습니다. "우리, 중국 사람 아니에요!" 우린 더더욱 기겁했어요. "발음을 들으니 중국 사람이 틀림없다.", "너무 무섭다.", "중국 사람들은 다 왜 저러냐?" 같은 얘기를 나누며 택시에 몸을 실었습니다. 그날 우린 모두 인종 차별주의자였어요. 마음이 불편했습니다. 내가 이런 거 하지 말자고 글 쓰는 사람인데……. 나는 내 위선을 마주하곤 몹시도 부끄러워졌습니다.

코로나19로 인류의 시민 의식이 심판대에 올랐다는 생각을 종종, 아니 꽤 자주 합니다. 한 사람의 무지와 이기심이 얼마나 잔혹할 수 있는지를 매일, 뉴스를 보며 확인하고 있어요. 전염병의 공포가 낳은 혐오와 차별은 전염병 그 자체 만큼이나 무섭습니다. 아시아인을 향한 인종차별을 떠올려 보세요. 영국의 유명한 축구 선수가 공항 라운지에 있던 아시아인을 촬영하며 코로나19를 언급하는 영상을 SNS에 올린 사건은 그나마 순한 편이었습니다. 독일 베를린의 지하철에선 한국 유학생 부부가 "해피 코로나 데이. 코로나 파티."라는 조롱과 성희롱을 들었고, 캐나다 몬트리올에선 괴한이 한국 교민에게 칼을 휘둘렀으며, 미국 텍사스의 한 창고형 식료품 판매장에선 아시아계 미국인 일가족 4명이 습격을 당했습니다. 피해자 중엔 두 살, 여섯 살짜리 어린아이도 있었다고 해요. 많은 이들이 서구 사회에 만연한 인종차별에 분노를 드러냈습니다. 하지만 인종차별의 피해자가 중국인이라면 어떨까요? 다음은 독일의 유명 배우가 코로나19 감염 우려를 이유로 중국인 세입자와의 임대계약을 해지했다는 기사에 달린 '베스트 댓글' 중 일부입니다.

"짱깨는 글로벌 악귀다."

"짱깨의 존재 자체가 바이러스."

"중국은 이번 바이러스 질병의 종주국이라 어쩔 수 없다."

"중국인들 진짜 도움 하나도 안 되는 암덩어리들."

"중국인에 대한 인종차별을 지지한다."

"인종차별은 옳지 않다."라는 말로 중국을 향한 전 지구적 분노를 잠재울 수 있을 거라곤 생각하지 않습니다. 중국 정부의 불투명한 정보공개와 언론통제는 바이러스의 전세계적 전파를 야기했지요. 그런데도 중국 정부는 사과는커녕 "우리도 피해자."라면서 책임을 회피하고, 심지어 "중국의 강력한 방역이 세계의 안전을 위한 시간을 벌어줬다."라고 큰소리를 칩니다. 어떤 이들은 생을 잃었고, 살아남은 이들도 일상을 완전히 빼앗겼습니다. 슬픔, 좌절, 공포, 절망 등이 뒤엉켜 마침내 분노의 형태로 중국을 가리킵니다. 이 집단적인 정념 앞에서 '인종차별은 옳지 않다.'는 원칙이 어떤 힘을 가질 수 있을까요. 그날 마포농수산물시장에서 친구들을 따라 발걸음을 서둘렀듯, "중국은 존재 자체가 바이러스."라는 댓글 앞에서도 저는 조용히 '뒤로 가기' 버튼을 눌렀습니다.

조선족은 칼부림을 자주 일으킨다고?

원칙을 이야기하는 것이 현실과 동떨어진 이상을 말하는 것처럼 느껴질 때는 또 있습니다. 흔히 '조선족'으로 불리는 재한 중국 동포들을 향한 혐오와 차별을 마주할 때입니다. 사전적 의미로 조선족은 '중국에 거주하고 있는 한민족 혈통을 가진 중국 국적의 주민들'을 말합니다. 즉, 앞서

언급한 '조선족'의 정확한 명칭은 '재한 조선족'이 되겠지요. 한편 서울시는 2018년부터 '조선족'이라는 호칭을 '중국 교포'로 바꿔 부르고 있습니다. 이유는 간단해요. 미국에 사는 우리 민족은 '재미 교포', 일본 거주 우리 민족은 '재일 교포'라고 부르는데, 왜 중국만 '조선족'이라고 부르냐는 겁니다. 이런 호칭 전환은 '조선족'이 환기하는 부정적인 이미지를 개선해 줄 수 있다는 점에서 전망이 긍정적입니다. 취지에는 공감하지만, 아래의 글에서는 '재한 조선족(재한 중국동포)'를 '조선족'으로 통일해 표기하려고 합니다. '조선족'이라는 호칭에 따라붙는 부정적인 선입견이 조금이나마 끊어지길 바라는 마음 때문입니다.

조선족은 흔히 '범죄자 집단'으로 여겨집니다. 2012년 길 가던 여성을 잔인하게 살해한 '오원춘 사건', 2015년 헤어진 내연녀를 토막 살해한 '박춘봉 사건', 2019년 모텔 투숙객을 잔혹하게 살해하고 시신을 토막 내 한강에 유기한 '장대호 사건' 등 조선족이 연루된 강력 범죄들 때문이지요. 그러다 보니 잔혹한 수법의 강력 범죄가 일어날 때마다 조선족이 연루됐다는 소문이 퍼지기도 합니다. 2018년 10월 서울시 강서구의 한 PC방에서 손님으로 온 남성이 PC방 아르바이트생을 잔혹하게 살해한 일명 '강서구 PC방 사건'이 대표적인데요. 이 사건이 보도된 뒤, 인터넷 커뮤니티를 중심으로 "범인은 조선족"이라는 소문이 돌았습니다. 피의자의 게임 아이디가 한자로 되어 있다는 점, 살인 수법이 잔인하다는 점, 경찰이 김씨의 자세한 신상을 공개하지 않는다는 점이 그 근거로 제시됐죠. 경찰이 피의자의 얼굴과 이름을 공개하고, "피의자와 피의자 부모는 한국인"이라고 못 박은 뒤에도 인터넷에는 "부모가 귀화한 조선족일 수 있다."는 주장이 계속해서 나왔습니다.

배우 강하늘과 박서준이 주연한 영화 〈청년경찰〉(2017)의 주요 배경은 서울시 영등포구 대림동입니다. 주인공 기준과 희열은 경찰대학교 학생으로 우연히 납치 사건을 목격

하고 범인을 뒤쫓는데요. 그들이 범죄 조직을 뒤쫓아 흘러 들어가게 된 곳이 바로 대림동입니다. 기준과 희열은 "한국에 이런 데가 있었어?", "간판 봐. 완전 중국이야."라며 신기해해요. 그러자 그들을 태운 택시 기사 말했습니다. "이 동네 조선족들만 사는데 밤에 칼부림도 많이 나요. 여권 없는 범죄자들도 많아서 경찰도 잘 안 들어와요. 웬만해서는 길거리 잘 다니지 마세요."

아니나 다를까. 대림동 폐건물에선 조선족 수십 명이 가출 청소년을 납치해 인신매매를 벌이고 있었습니다. 기준과 희열은 이들에게 덤벼들었다가 붙잡혀 죽을 고비를 넘기지요. 둘은 경찰에 신고하지만 경찰은 절차를 운운하며 출동을 거부하고, 마지막 희망이던 양 교수마저 "어른들에게 맡겨라."라고 타이를 뿐입니다. 기준과 희열, 두 청년은 직접 범인을 검거하기로 합니다. 둘은 조직원 수십 명과 목숨을 건 혈투를 벌인 끝에 피해자들을 살려 내요. 하지만 기쁨도 잠시. 정식 수사가 아니었던 탓에 둘은 학교에서 징계를 받게 됩니다. 양 교수는 말해요. "사실 너희들은 퇴학을 당했어야 했는데, 학장의 선처 덕분에 유급에 멈췄다고. 사회봉사 500시간도 해야 하지만, 어차피 너희 유급하니까 시간 많잖아? 설마 너희, 유급보다 퇴학이 더 좋은 건 아니겠지?"

양 교수는 기준과 희열을 있는 대로 약 올리면서도 사실은 그들이 너무나 기특해 어쩔 줄 모르겠다는 눈빛으로 둘에게 경례를 올립니다. 어리둥절하던 기준과 희열도 이내 환한 미소로 화답합니다.

조선족은 강력범죄의 원흉이다?

그런데 왜 대림동, 왜 조선족이었을까요? 사실 '조선 족 범죄자' 설정은 문제의식을 느끼지 못할 만큼 자연스러 운 것으로 여겨집니다. 다시 말해 사람들은 '범죄를 저지르는 조선족'을 매우 당연한 존재로 받아들이죠. 2015년 동북아평화연대와 코리안리서치센터가 서울시에서 후원을 받아 시행한 〈청년세대(20~35세)의 조선족 이미지 인식에 관한 연구〉의 설문조사에 따르면, 한국 청년의 약 94%가 조선족을 부정적으로 인식하고 있고, 이 중 30%는 "아주 부정적"이라고 답했습니다. 같은 조사에서 조선족에 대한 이미지를 어떻게 형성한다고 생각하는가에 대한 질문에 대해서는 "언론과 방송 매체를 통해 형성된다고 생각한다."는 대답이 82%로 나왔고요.

어쩌면 이런 인식이 현실을 반영한다고 말할 수도 있

겠죠. 실제로 조선족이 범죄를 많이 저지른다고요. 그런데 KBS가 2018년 12월 낸 〈[팩트체크K] '조선족'은 강력 범죄의 원흉인가?〉라는 제목의 기사를 보면, "조선족은 강력 범죄의 원흉이다."라는 일각의 주장은 '대체로 사실이 아님'으로 분석됐습니다. 해당 기사에 따르면 국내에서 발생하는 외국인 범죄자 가운데 조선족을 포함한 중국인 범죄자 수가 가장 많긴 했습니다. 하지만 여기엔 국내에 체류하는 외국인 가운데 중국인의 비율이 압도적으로 높은 영향도 있습니다.

그런데 사람들은 왜 조선족의 이미지를 부정적으로 평가할까요? 외국인 범죄자에 관한 보도량에서 그 실마리를 찾을 수 있습니다. 〈외국인 범죄에 대한 언론 보도가 외국인 우범자 인식의 형성에 미치는 영향〉(2016) 논문을 봅시다. 2008년부터 5년간 국내 발생 범죄의 내·외국인 범죄자 비율을 분석한 결과, 내국인이 저지른 살인 사건에 비해 외국인 범죄자의 살인 사건이 언론에 자주 보도된 경향이 드러났습니다. 특히 전체 범죄자 중 중국인은 200명 중 1명에 불과하지만, 중국인 범죄자에 대한 기사는 20개 중 1개를 차지할 정도로 많았습니다. 이런 보도 행태는 '이주 외국인=범죄자'라는 인식을 형성하고 강화하는 데 영향을 주고, 이것은 외국인 혐오로 이어집니다. 또한, 한국형사정책연구원의 연구자료 〈외국인 폭력 범죄에 관한 연구 외국인 폭력 범죄에 관한 연구〉(2016)에 실린 설문에 따르면, 외국인 폭력 범죄의 주요 원인은 차별과 무시로 꼽힙니다. 즉 근거 없는 외국인 혐오가 결국 외국인들이 폭력 가해를 하게 만드는 원인이 되고, 이 폭력 사건은 다시 혐오를 강화하는 악순환이 벌어지는 것이죠.

외국인 폭력 범죄를 옹호하거나 정당화하려는 것이 아닙니다. 1990년대 초 미국 로스앤젤레스에서 벌어진 흑인 폭동 사태를 아시나요? 흑인 청년이 백인 경찰에게 과잉 폭력 진압된 사건에서 벌어진 당시 폭동 사태는 아이러니하게도 한국인 교포, 즉 또 다른 소수 민족에게 극심한 피해를 입혔어요. 차별에 분노해 벌어진 시위가 아이러니하게도 또 다른 약자를 희생양으로 만든 것이지요. 이 비극적인 폭력의 악순환을 끊어 내려면, 우리는 무엇을 해야 할까요?

국내 상업 영화는 여전히 조선족을 범죄자로 묘사합니다. 차별적 시선에 대한 고민은 흔적도 보이지 않고요. 〈청년경찰〉만의 얘기가 아닙니다. 〈범죄도시〉(2017), 〈차이나타운〉(2014), 〈신세계〉(2012), 〈황해〉(2010)도 그랬습니다. 급기야 조선족 60여 명은 〈청년경찰〉이 개봉한 2017년 12월, 이 영화가 조선족에 대한 사실을 왜곡하고 혐오를 조장해 피해를 입었다며 제작사 무비락을 상대로 손해배상 청구 소송을 냈습니다. 1심 재판부는 원고 패소 판결을 내렸습니다. "〈청년경찰〉은 가상의 시나리오를 기초로 제작됐고, 조선족 배역보다 한국인 산부인과 의사가 더 나쁘게 묘사되는 등 영화의 전체적인 인상도 혐오스러운 조선족 집단에 관한 것이라고 보기 어렵다. 이 영화로 조선족에게 혐오를 갖게 될지는 관객마다 다르며, 영화 속 범죄자 조선족과 일반 조선족을 연결할 묘사도 없다."는 이유였습니다.

그런데 이런 판결이 가능하려면, 사람들이 영화에서 범죄자로 나오는 조선족과 일반 조선족을 분리해 받아들인다는 단단한 믿음이 있어야 하지 않을까요? 영화에서 한국인 산부인과가 더 나쁘게 묘사됐어도 사람들은 '한국인 산부인과 의사는 모두 범죄자'라고 생각하지 않습니다. 하지만 조선족에 대해서도 과연 그럴까요? 조선족이 영화에서 자주 범죄자로 묘사되더라도, 사람들이 '모든 조선족이 범죄자는 아니지'라고 생각할까요? 안타깝지만 앞서 인용한 통계와 댓글만 보더라도 그렇지 않습니다. 많은, 아주 많은 사람들이 조선족을 잠재적 범죄자로 봅니다. 〈청년경찰〉 같은 영화들은 이런 편견과 공생 관계에 있습니다. 편견을 토대로 조선족을 재현함으로써 차별을 조장한다는 거죠.

다만 항소심 판결은 조금 달랐는데요. 2심 재판부는 〈청년경찰〉의 일부 내용에 조선족에 대한 부정적인 묘사를 담은 허구의 사실이 포함돼 있다면서, 이 영화로 인해 소송을 낸 조선족 단체가 불편함과 소외감을 느꼈을 것으로 보인다면서 양측에 화해를 권고했습니다. 〈청년경찰〉 제작사는 이후 "앞으로 영화를 제작함에 있어 특정 집단에 대한 편견이나 반감을 일으킬 소지가 있는 혐오 표현은 없는지

여부를 충분히 검토할 것을 약속드린다."라며 사과했고, 조선족 단체도 이를 받아들이면서 사건은 일단락되었습니다.

공포를 먹고 자라는 혐오

국내 코로나19 확진자가 발생하던 초기, 조선족을 향한 혐오 정서는 극에 달했습니다. 대림역 주변엔 사람들의 발길이 끊겼고, 중국인을 둘러싼 막연한 불안감 때문에 많은 조선족이 일자리를 잃었다고 해요. 중국 국적이라는 이유로 식당 출입을 거부당하거나 아이들이 '코로나'라고 불리며 따돌림을 당한다는 증언도 나왔지요. 심지어 언론이 나서서 중국인 혐오를 조장한 사례도 있었습니다. 헤럴드경제가 〈대림동 차이나타운 가 보니……가래침 뱉고, 마스크 미착용 '위생불량 심각'〉이라는 제목으로 낸 기사였는데요. 여기엔 "일부 행인은 마스크를 착용하고 있지만, 중국인 또는 화교처럼 보이는 사람 중에는 마스크를 착용하는 비율이 극히 낮았다.", "중국인이 구매한 마스크는 재판매 목적으로 추정된다." 등 조선족에 대한 부정적인 인식을 강화하는 추측성 내용이 포함돼 비판을 받았습니다.

낯선 외부 집단에 대한 막연한 두려움은 혐오의 씨앗이 됩니다. 2018년 본국에서 벌어진 내전을 피해 500여 명

의 예멘인이 제주도로 입국해 난민 신청을 하자, 온라인에
선 이들이 '가짜 난민'이라는 이야기가 떠돌았습니다. 취업
을 목적으로 난민 행세를 한다거나, 테러리스트가 섞여 있
다거나, 난민 신청자에게 생계비로 한 달에 138만 원을 지원
한다는 가짜 뉴스가 이들에 대한 혐오 정서를 자극했지요.
청와대 홈페이지 국민청원 게시판에 올라온 '난민 신청 허
가 폐지' 청원은 약 70만 명의 동의를 얻었습니다. 저는 난
민 수용에 반대하는 사람들이 악한 의도를 가졌다고 생각
하진 않습니다. 다만 낯선 난민에 대한 아득한 공포와 편견,
현재의 팍팍한 생활에서 느끼는 불안 등이 얽혀 난민 혐오
라는 결과를 만들어 냈겠지요. 이 당시 제주로 입국한 예멘

'인들은 어떻게 되었을까요? 제주도에 입국한 500여 명 중 단 2명만이 난민으로 인정됐습니다.

혐오는 공포를 먹고 자랍니다. 상대를 잠재적 범죄자로 규명하고 배제하기 전에, 우리 안의 공포와 불안이 어디에서 출발했는지를 들여다봐야 하지 않을까요? 변화는 거창하게 시작하지 않습니다. 상대를 제대로 알고 이해하는 것. 그것만으로도 혐오를 끊어 내는 시작이 되기에 충분할 것입니다.

조커
가
영웅
이라고?

〈조커〉(2019)

2019년 10월 4일, 영화 <조커>(2019)가 상영되고 있던 미국 뉴욕 타임스스퀘어의 한 극장. 영화를 보던 한 젊은 남성이 박수를 치며 환호하기 시작했습니다. 스크린에선 조커가 사람들을 죽이는 장면이 나오고 있었죠. 주변 관객들은 불쾌해하며 남자에게 조용히 하라고 소리쳤지만, 그는 개의치 않았다고 해요. 참지 못한 몇몇 관객들은 그를 비난하며 극장 밖으로 나갔습니다. 그러자 그는 자신을 욕하는 사람에게 침을 뱉기까지 했다더군요. 이 수상쩍은 남자는 결국 극장 보안 요원에게 끌려 나가 경찰의 심문을 받아야 했어요. 극장에서 소란스럽게 군 일로 경찰까지 출동하다니, 대처가 좀 과하다 싶은가요? 하지만 여기엔 그럴 만한 이유가 있습니다. 7년 전 벌어진 비극적인 사건 때문이에요.

때는 2012년 7월 20일로 거슬러 올라갑니다. 미국 콜로라도주의 오로라 극장에서 영화 <다크나이트 라이즈>를 보던 남성 관객이 객석에 최루탄을 던지고 총을 난사하는 사건이 벌어졌어요. 당시 그와 같은 극장에서 영화를 보던 관객 중 12명이 숨지고 70명이 다쳤습니다. 현장에서 체포된 범인은 24세의 의대 중퇴생 제임스 홈스. 그는 체포 당시 "나는 조커다."라는 말을 되뇐 것으로 알려졌습니다. 그는 재판에서 종신형을 선고받아 지금도 교도소에서 복역중이에요. 홈스가 왜 이런 끔찍한 테러를 저질렀는지는 아직까지도 알려지지 않았습니다. 다만 홈스의 변호인들은 그가 조현병(정신분열증)을 앓고 있다며 선처를 호소했다고 해요.

이제 〈조커〉 개봉을 앞두고 미국 경찰에 비상이 걸린 까닭을 이해할 수 있겠죠? 네, 맞아요. 영화 속 조커를 영웅시하거나 그를 모방한 범죄가 벌어질까 우려했던 거예요. 〈조커〉 개봉 당시 미국 연방수사국과 경찰은 4,300여 개 상영관에 비상 경계령을 내리고 순찰과 검문 검색을 강화했습니다. 미국의 대표적인 극장 체인인 'AMC'와 '랜드마크 극장'은 〈조커〉 상영되는 동안 관객이 조커처럼 옷을 입거나 조커의 얼굴이 새겨진 마스크를 착용하지 못하도록 했고요. 일부 극장에서는 관람 전 관객들의 소지품을 살펴보기도 했어요. 오로라 총기 사건 희생자의 유가족은 〈조커〉의 배급사인 워너 브라더스에게 서한을 보내 〈조커〉 개봉에 대한 우려를 표하고 총기 테러 희생자들을 돕는 단체에 기부할 것을 요구하는 서한을 보냈다고 합니다. 워너 브라더스 측은 "총기 사건은 우리 사회의 중대한 문제."라면서도 "가상의 인물 조커와 이 영화가 실제 세계의 폭력을 지지하는 것이 아니며, 영화 관계자들은 캐릭터를 영웅으로 만들려는 의도가 아니다."라고 설명했습니다.

예의 없는 세상이 만든 안티 히어로

조커가 누구인지부터 살펴볼까요? 그는 가상 도시인 고담시 최고의 악당이자 배트맨의 영원한 숙적으로, 한때 기원을 알 수 없는 인물이었습니다. 마블 세계관의 최고 악당 타노스와 비교해 보면 이해하기가 더욱 쉬울 거예요. 타노스의 악행엔 나름의 이유가 있었습니다. 자신이 살던 행성 '타이탄'이 인구 폭발과 자원 고갈로 멸망하게 되자, 이런 참극이 다시는 벌어져선 안 된다면서 인구 절반을 소멸하기로 하죠. 한 마디로 타노스는 '서사가 있는 악당'입니다. 반면 조커는 어디에서 나타났고, 어떤 이유로 악당이 됐는지 알 수 없는 존재였어요. 이것은 조커를 더욱 두렵고도 매혹적인 인물로 만들어 내는 설정이자, 악당에게 서사를 부여하지 않음으로써 그의 행위가 정당화될 수 없음을 보여주려는 영화의 윤리적 장치이기도 했죠. 방금 이 문장이 과거형인 건, 〈조커〉가 조커의 탄생을 보여 주기 때문입니다.

〈조커〉의 주인공 아서 플렉은 코미디언을 꿈꾸는 광대입니다. 하지만 사람들에게 웃음을 주기는커녕 오히려 무시와 조롱만 당하지요. 아서는 힘없고 가난한데다가 정신 질환까지 앓고 있습니다. 어린 시절 양아버지에게 학대당해 뇌를 다친 탓에, 긴장한 상황에서 저절로 웃음이 터지죠. 이런 아서에게 세상은 폭력과 야만으로 가득 찬 곳입니다. 어느 날은 레코드 가게를 광고하다가 히스패닉 소년들에게 광고판을 빼앗기고 몰매를 맞기도 하고, 또 어느 날은 버스 앞자리에 앉은 흑인 아이를 웃겨 주려다가 아이의 어머니에게 핀잔을 듣기도 해요. 하루는 동료가 호신용으로 준 총을 들고 아동 병원에 갔다가, 총을 떨어뜨리는 바람에 직장마저 잃게 됩니다. "넌 또라이에 거짓말쟁이야. 넌 해고야!" 사장에게 폭언을 들은 아서는 광대 분장을 지우지도 못한 채 집으로 향합니다. 그리고 그날 지하철 안에서 세 남자가 한 여자를 희롱하는 모습을 보게 되죠. 긴장한 아서는 웃음을 터뜨리게 됩니다. 남자들은 불쾌해하며 아서에게 다가오더니 그를 마구 때리기 시작해요. 퍽, 퍽, 퍽…… 궁지에 몰린 아서는 품에 있던 총을 꺼내 남자들을 향해 쏩니다. 두 명이 그 자리에서 숨을 거두고, 남은 한 명은 죽기 살기로 도망치지만 아서는 그마저 잔인하게 살해합니다.

다음 날, 지하철에서 벌어진 살인사건이 대서특필됩니다. 아서가 죽인 세 남자가 토마스 웨인이 운영하는 금융 회사의 직원들이었다는 사실이 알려지고, 언론은 '빈부격차를 향한 분노가 촉발한 살인'이라고 진단해요. 토마스 웨인은 사건의 범인을 비난하며 "노력해서 성공한 우리의 눈에 그

런 비열한 자는 한낱 광대에 불과하다."라고 말합니다. 반면
이 사건에 영감을 받은 사람들은 광대 분장을 하고 거리로
쏟아져 나와 '부자들을 죽여라'(KILL THE RICH)라고 외치며 폭
동을 일으켜요. 이 시위대에게 아서는 영웅 취급을 받습니
다. 태어나 처음 받는 사람들의 호의적인 관심. 아서는 전율
합니다.

사실 아서와 토마스 웨인은 특별한 관계로 얽혀 있습
니다. 아서는 토마스 웨인을 자신의 친아버지로 생각합니
다. 어머니 페니가 그렇게 가르쳐 줬거든요. 아서는 토마스

웨인을 여러 번 찾아가지만, 돌아오는 건 수모뿐이었어요. 그뿐만이 아닙니다. 아서는 토마스 웨인에게 충격적인 이야기를 들어요. 페니가 자신의 친어머니가 아니라, 자신을 입양한 양어머니라는 얘기를요. 아서는 병원 기록을 통해 토마스 웨인의 말이 사실임을 확인하죠. 망상 장애와 자기애적 성격장애를 앓던 페니가 어린 시절 자신을 학대했다는 사실도요. 아서의 또 다른 비극이 시작됩니다. 그는 충격과 분노에 휩싸여 병원에 입원해 있던 페니를 살해해요. 인생은 아이러니의 연속이라고 했던가요. 때마침 아서의 형편없는 코미디 공연이 화제가 돼요. 그리고 아서가 존경해 마지않던 코미디언 머레이 프랭클린은 아서를 자신의 TV 프로그램에 출연시키죠. 아서는 이 방송에서 자신이 지하철 살인 사건의 범인임을 밝힌 뒤 스스로 목숨을 끊으려고 합니다. 하지만 계획대로 되지 않죠. 그는 머레이 프랭클린과 설전을 벌입니다. 자신이 살인을 저지른 건 그들이 못되게 굴었기 때문이라고, 세상은 자신에게 예의가 없고 배려가 없다고, 머레이, 당신도 똑같이 못됐다고, 정신 질환이 있는 외톨이를 무시하고 쓰레기 취급하면 어떻게 되는 줄 아느냐고, 너 같은 놈들은 죽어야 한다고……. 탕! 아서는 생방송 도중 머레이 프랭클린을 살해하고, 도시를 점거한 시위대는 즐거워하며 방화와 살인을 저지릅니다. 토마스 웨인과 그의 아내는 훗날 배트맨이 될 아들 브루스 웨인의 눈앞에서 시위대의 손에 죽음을 맞게 됩니다.

조커는 살인자인가, 약자들의 영웅인가

여러분은 무엇이 조커를 만들었다고 생각하시나요? 열에 아홉은 약자를 향한 세상의 무시와 경멸, 폭력이 아서를 살인자로 만들었을 거라고 대답할 겁니다. 그렇다면 아서를 괴롭힌 금융 회사의 직원들이나 그를 비웃은 머레이 프랭클린에 대해선 어떻게 생각하세요? 그들의 잘못이 죽을 만큼 컸던가요? 다시 말해, 그들을 살해한 아서의 행동이 정당화될 수 있을까요? 마지막 질문입니다. 아서, 그러니까 조커는 약자들의 영웅으로 불릴 수 있을까요?

마지막 질문에 답하기 위해선 두 명의 인물을 돌아볼 필요가 있습니다. 첫 번째 인물은 아서의 이웃인 8B호실 여자예요. 아서는 한때 자신이 8B호실에 사는 여자와 연애를 하고 있다고 생각했어요. 하지만 그의 망상이었죠. 실제로 8B호실 여자는 아서를 두려워했어요. 아서는 첫 번째 살인을 저지른 후 8B호실 여자를 찾아가 사랑을 나눴다고 생각했지만, 현실에서 여자는 아서를 두려워했어요. 비혼모인 그는 아서에게 애원해요. 딸아이가 자고 있다고, 제발 그냥 나가 달라고, 살려 달라고 말이에요. 아서가 그를 어떻게 했는지 영화는 보여주지 않습니다. 어쩌면 그냥 살려 뒀을 수도 있죠. 우리가 살펴볼 다음 인물은 아서의 직장 동료였던, 왜소증을 가진 광대 개리입니다. 아서가 지하철 살인 사건의 용의자로 지목되자, 개리는 또 다른 직장 동료인 랜들과 함께 아서를 찾아가요. 아서는 과거 자신을 괴롭혔던 랜들을 잔인하게 살해하지만 개리에겐 해를 가하지 않아요. "나한테 잘해 준 건 너뿐이었어." 아서는 개리를 살려 준 이유를 이렇게 설명합니다. 언뜻 아서가 이유 없이 살인하진 않는 것처럼 보이지요. 못된 사람들에게만 벌을 주는 것처럼요. 하지만 여기에서 중요한 건, 아서가 8B호실 여자와 개리를 죽였느냐 살렸느냐 하는 문제가 아니에요. 아서가 마음만 먹는다면 충분히 그들을 해칠 수 있었다는 사실, 사회적 약자인 아서도 자신보다 더욱 약한 이들에겐 위협적이고 폭력적인 존재가 될 수 있다는 사실에 주목해야 합니다. 시위대의 폭동도 마찬가지예요. 사람들이 광대 가면을 쓰고 폭동을 일으키면, 돈과 권력을 가진 특권층은 총기로 무장한 경호원을 고용해 자기 자신을 보호할 수 있을 겁니다. 하지만 8B호실에 살던 모녀나 장애가 있는 개리 같은 사람들은 어떤가요? 그들이 자신의 삶을 안전하게 이어갈 수 있을까요? 아니요. 절대 그럴 수는 없을 겁니다. 무차별적인 폭력과 살인, 방화와 약탈의 칼날은 사회 최약자들에게 가장 매섭게 가해지기 마련이니까요. 그래서 제가 내린 결론은 이렇습니다. 조커는 약자들의 영웅이 될 수 없다고요.

아서와 대중의 분노 자체를 부정하려는 것은 아닙니다. 〈조커〉의 배경이 된 고담시는 빈부격차가 극심한 곳입니다. 사람들은 일자리가 없어 가난해지는데, 토마스 웨인 같은 부자들은 가난이 게으름과 무능력 때문이라고 생각하며 빈자들을 무시하죠. 약자들을 돌봐야 할 도시의 복지 제도는 사실상 마비된 상태에요. 아서는 시의 지원으로 무료 정신 상담을 받고 약을 타곤 했지만, 그마저도 예산이 깎이면서 받을 수 없게 됐죠. 대중이 분노하는 것은 당연합니다. 그리고 그 분노가 불합리한 세상을 바꾸는 힘이 될 수도 있었겠지요. 하지만 잘못된 곳을 향한 분노로는 더 나은 세상을 만들 수 없습니다. 〈조커〉는 열린 결말로 막을 내리지만, 저는 시위대의 폭동이 실패했을 거라고 생각해요. 조커와 시위대가 정치적 어젠다를 제시하지 못했기 때문이죠. 쉽게 말해 시위대는 '더 좋은 세상은 무엇일까', '더 좋은 세상을 만들려면 어떻게 해야 할까'를 고민하지 않았다는 뜻이에요. 생각해 보세요. 그들의 구호대로 부자들을 죽이면 고담시의 병폐가 해결될까요? 시위대가 폭동으로 얻어 낸 것은 정의롭고 평등한 세상이 아닙니다. 부자들이 독점하던 특권층의 자리를 자신들이 잠시 빼앗은 것뿐이죠. 이상을 제시하지 못한 시위는 실패할 수밖에 없습니다.

세상을 향한 분노, 타인을 향한 폭력

우리는 앞서 영화 〈다크나이트 라이즈〉 상영 중 벌어진 테러 사건과 〈조커〉에 대한 항간의 우려를 살펴봤습니다. 오로라 극장에서 총기를 난사한 제임스 홈스는 자신을 조커와 동일시하며 영화 속 범죄를 현실로 만들었죠. 반대로 영화 속 인물인 아서는 현실에 존재하는 '인셀'(Incel)과 공명합니다. 인셀은 'involuntary celibate(비자발적 독신주의자)'의 줄임말로, 이성과 만나고 싶어 하지만 만나지 못하는 사람, 그 중에서도 특히 백인 남성을 지칭해요. 언뜻 '모태솔로'와 비슷해 보이죠? 하지만 인셀은 '모태솔로'보다는 '여성혐오자'에 가까워요. 자신과의 관계를 거부하는 여성을 비난하고 깎아내리기 때문이죠. 나아가 이들은 사회적 고립으로 인한 분노를 강력 범죄라는 끔찍한 방식으로 분출하고 있어, 북미에서는 심각한 사회문제로 떠오르고 있습니다.

몇 가지 사례를 들어 볼까요? 2014년 5월 미국 캘리포니아에서 한 청년이 총기를 난사해 6명을 살해한 사건이 벌어졌습니다. 이 청년은 범행을 저지르기 전 유튜브에 올린 영상에서 "이게 다 여자들이 나를 좋아하지 않았기 때문이다."라며 분노했어요. 2018년 캐나다 토론토에서 차량 돌진으로 10명을 죽음에 이르게 한 청년 역시 자신을 인셀로 정의하며 "채드(여성에게 인기가 많은 남성)와 스테이시(인셀을 거절하는 여성)를 무찌르자."고 말한 바 있고요.

아서가 인셀과 꼭 들어맞는다고 할 수는 없습니다. 인셀의 등장은 가부장제의 특권을 놓지 않으려는 젊은 백인 남성들의 비뚤어진 욕망과 관련이 있지만, 아서는 사회로부터 소외된 약자를 대변하기 때문이지요. 그럼에도 〈조커〉가 인셀에게 그릇된 영감을 줄 수 있다는 지적이 영화가 개봉하기 전부터 지금까지 계속해서 되풀이되고 있습니다. 사회적으로 억압받던 아서가 어느 순간 각성해 최악의 안티히어로로 거듭난다는 〈조커〉의 이야기 골격이 인셀의 폭력적 성향을 충동할 수 있다는 주장인 건데요. 이것은 비단 미국에만 국한되는 이야기는 아닙니다. 여러분은 인셀에 대한 설명을 읽으며 떠오르는 집단이 없었나요? 네. 인셀은 우리나라의 '일베'(온라인 커뮤니티 일간베스트 이용자)와 자주 비교되곤 합니다. 〈조커〉 개봉 이후 "일베들이 날뛰는 세상을 보는 것 같은 기분."이라는 단평을 남긴 언론사 기자도 있었지요. 아닌 게 아니라, 〈조커〉는 개봉 당시 일베에서 남다른 환대를 받았습니다. 사회 부적응자에서 위협적인 존재로 변모하는 아서에게 자신을 투영한 이들이 많았던 거죠. 일베는 스스로를 '루저'로 규정하면서도, 여성이나 노인 등 자신보다 약한 자들에겐 비인간적인 언행을 일삼습니다. 억눌린 욕망을 타인을 위협함으로써 채우려는 것입니다.

조커와 인셀, 일베의 공통점을 한마디로 정리하자면 이렇습니다. 이들 세 집단 모두 세상에 대한 분노를 타인을 향한 폭력으로 분출한다는 겁니다. 그리고 이것은 자신의 불행을 폭력을 정당화하기 위한 근거로 삼는다는 점에서 문제적이지요. 그간 〈조커〉를 둘러싼 논란은 주로 이 영화가 모

방범죄를 불러올 수 있다는 우려에서 불거졌습니다. 하지만 진정 두려운 것은 조커를 따라한 범죄가 아닐지도 몰라요. 그보다는, 조커를 통해 폭력에 정당성을 부여하려는 시도를 경계해야 하지 않을까요? '사회가 내게 예의와 배려를 차리지 않으니 나 역시 내게 못 되게 구는 사람들을 해치워도 괜찮다.'는 조커식 인식이, 우리 사회에 존재하는 폭력과 범죄를 끊어내지 못하게 만드는 고리가 될 테니까요. 여러분의 생각은 어떤가요? 조커가 야기한 고담시의 폭동이 과연 더 나은 사회로 나아가는 발판이 될 수 있을까요? 무엇을 위해 분노하고 어디를 향해 목소리를 내야 할지, 〈조커〉를 본, 그리고 볼 여러분이 깊게 고민해 보았으면 좋겠습니다.

혐오가
오락이
될 수
있을까?

〈위대한 쇼맨〉(2017)

출근길에 유독 자주 듣게 되는 노래가 있습니다. 영화 〈위대한 쇼맨〉(2017)의 오리지널 사운드 트랙 중 하나인 〈This Is Me〉라는 곡인데요. 극 중 털이 난 여자, 왜소증이 있는 남자, 샴쌍둥이 형제, 백색증 여자 등 사회에서 멸시받던 이들이 사교 파티에서 부르는 노래로, 극적인 전개와 강인한 목소리가 용기와 전투력을 심어 줘 근무를 앞두고 듣기에 제격인 노래입니다. 특히 노랫말이 예술이에요. "잔인한 말로 상처 줘도 파도에 다 씻어 버릴 거야. 난 용감해. 난 당당해. 난 내가 자랑스러워. 이게 나야." 노래를 듣고 있으면 가슴이 벅차올라 잠시나마 무엇과도 싸워 이길 수 있을 것만 같은 착각에 빠지곤 해요. 비록 사무실에 도착한 뒤엔 제가 전날 쓴 기사의 조회 수나 포털사이트의 실시간 검색어를 달구고 있는 연예계 이슈들을 확인하며 깊은 절망의 수렁에 빠지곤 하지만요.

〈위대한 쇼맨〉의 속임수

〈위대한 쇼맨〉은 쇼 비즈니스의 창시자이자 '서커스의 제왕'으로 불린 P.T 바넘(1810–1891)의 실제 이야기를 각색한 뮤지컬 영화입니다. 가진 것 없던 바넘이 흑인, 여성, 장애인 등 소수자를 모아 공연을 시작하고 쇼 비즈니스 산업으로 크게 성공하는 과정을 보여 주지요. 영화에 삽입된 음악이 워낙 아름다워 제75회 골든 글러브 시상식에서 주제가 상을 탔지만, 평론가들의 평가는 박했습니다. 주인공 바넘의 실제 모델인 P.T 바넘이 벌였던 엽기적인 행각들 때문인데요. 바넘은 북미에서 유명한 인종차별주의자이자 여성·장애인·동물 학대를 저지른 비윤리적인 인물로 평가받습니다. 한 번은 그가 80세 흑인 노인 조이스 헤스를 161세라고 선전하며 공연에 세운 적 있습니다. 그런데 외신에 따르면 바넘은 헤스를 나이 들어 보이도록 만들기 위해 그를 억지로 취하게 만든 뒤 치아를 모두 뽑았습니다. 헤스가 숨을 거둔 뒤에는 그의 시체를 해부하는 쇼까지 벌였다고 해요. 외신은 〈위대한 쇼맨〉이 역사를 왜곡한다고 지적했습니다. 바넘이 실제로 저지른 폭력과 악행을 보여 주지 않은 채, 그가 좋은 사람인 것처럼 미화했다는 것이죠.

본격적으로 영화 내용을 들여다 봅시다. 바넘이 서커스를 준비하던 시점부터 시작해 보죠. 그는 서커스를 위해 '별종'들을 찾아 나섭니다. 성인 남성의 평균 키의 절반 정도밖에 되지 않는(아마도 왜소증이 있는 것으로 추정됩니다) 톰 섬, 턱수염이 난 여성 레티 러츠, 온몸에 문신을 새긴 '문신 인간', 얼굴 전체에 털이 나 있는 '들개소년' 등을 만나 자신의 공연에 캐스팅하지요. 공연 오디션을 보러 온 공중 곡예사 W.D. 휠러는 "관객들은 저희를 싫어할 겁니다."라며 걱정스러워해요. 하지만 바넘은 의기양양하게 대답하죠. "그게 포인트죠."

바넘의 예상대로 공연은 대성황을 이룹니다. 반면 공연장 바깥에선 바넘의 단원들을 동네에서 몰아내라는 시위가 벌어져요. 바넘 역시 상류층 사람들에게 사기꾼, 싸구려 여흥꾼이라며 무시당합니다. 그러나 바넘과 그의 단원들을 향한 핍박은 그들을 더욱 결속시키는 힘이 됩니다. 바넘과 단원들이 의지할 사람이라고는 서로뿐이었으니까요. 하지만 바넘은 상류층 사회에서 인정받고 싶다는 욕망을 버리지 못합니다. 영국의 유명한 성악가를 섭외해 미국 투어공연을 열죠. 부자와 귀족들은 이 고상한 공연에 만족스러워합니다. 반면 서커스엔 위기가 닥쳐요. 바넘의 관심이 소홀해진 데다가 관객은 줄고 단원들을 공격하는 이들은 늘어나지요. 결국 누군가 서커스장에 불을 지르고 바넘은 잿더미가 된 서커스장을 보며 뒤늦게 후회합니다. 하지만 영화는 해피엔딩으로 막을 내려요. 단원들이 바넘을 용서하고, 바넘이 다시 서커스를 시작하거든요.

〈위대한 쇼맨〉에서 바넘의 서커스는 꿈과 환상이 가득하고 우정이 싹트는 곳으로 그려집니다. 하지만 사실 이 서커스는 차별주의자들의 혐오 정서를 자극하는 폭력의 장입니다. 오디션에서 W.D. 휠러와 바넘이 나눈 대화를 떠올려 보세요. 관객들이 서커스 단원들을 싫어하는 것이 흥행의 포인트라던 바넘의 말을요. 관객들이 보고 싶어 하는 게 묘기가 아니라 괴상한 생김새라는 것을 바넘은 이미 알고 있었던 겁니다. 다시 말해 바넘의 서커스는 흑인, 동양인, 장애인 등 약자들의 소수성을 구경거리로 상품화하고, 이들에 대한 부정적인 호기심을 자극해 관객들을 불러 모은 것이지요. 과연 이 서커스가 단원들의 꿈을 펼칠 수 있는 공간이될 수 있었을까요?

"관객들은 저희를 싫어할 겁니다."
"그게 포인트죠."

요즘도 쓰는 표현인지는 모르겠습니다만, 한때 '키보드배틀'이라는 말이 유행한 적 있습니다. 온라인 커뮤니티에서 벌어지는 말싸움을 가리키는 신조어였죠. 온라인에선 늘논쟁이 벌어집니다. 그룹 레드벨벳 멤버 아이린이 소설 『82년생 김지영』을 읽은 것이 옳냐 그르냐, 에이핑크의 손나은이 "Girls Can Do Anything"이란 문구가 쓰인 휴대폰 케이스를 사용한 게 옳냐 그르냐, 개그맨 남희석이 김구라의 진행방식을 무례하다고 공개 비판한 게 옳냐 그르냐 등등. 그리고 이런 논쟁은 '논란'이라는 제목과 함께 기사로 옮겨집니다. "『82년생 김지영』 읽었다고?……아이린 페미니스트 논란"(머니투데이), "손나은 'GIRLS CAN DO ANYTHING' 페미니스트 논란"(한국경제), "남희석-김구라, 뜻밖의 흑역사 소환으로 '망신살'……성희롱 VS 막말"(일간스포츠) 등등…….

제가 연예부 기자로 일하면서 가장 고역인 일이 바로 온라인에서 벌어지는 이런 논쟁을 기사로 옮기는 거예요. 특히 논쟁거리가 된 연예인의 이름이 포털사이트 실시간 검색어에 오르내리기라도 한다면, 꼼짝없이 '연예인 C, SNS에 올린 사진으로 뭇매' 같은 기사를 써야 하지요. 회사에서 이런 기사를 쓰라고 지시하는 건 아닙니다. 다만 높은 조회 수가 나올 만한 기사를 써야 한다는 압박을 제 무의식이 느끼고 있는 것이지요. 포털사이트에선 수백 개의 인터넷 신문사가 조회 수 경쟁을 벌이고 있습니다. 공을 들인 기획 기사보다 연예인의 SNS를 베껴 쓴 기사가 더욱 많은 클릭을 유발하는 상황에서, 쓰고 싶은 기사를 쓰는 것이 사치스럽게 느껴질 때가 많습니다. 결국 조회 수는 회사의 경제적인 문제와 직결되니까요. 좋은 기사를 쓰겠다는 각오가 '먹고사니즘' 앞에 무너지는 것이죠.

저를 포함한 많은 기자들이 암울한 미래로 직행하고 있다는 생각을 자주 합니다. 하지만 이런 업계의 질서를 홀로 역주행하기도 쉽지 않습니다. 그랬다가는 눈앞에 닥친 내일이 불투명해질 수도 있는 걸요. 기자들이 무한 경쟁의 희생자라는 얘기를 하려는 게 아닙니다. 시스템 안에서 무력해진 개인은 결국 불합리한 시스템을 더욱 공고하게 할

뿌이지요. 실제로 인터넷 연예 매체들은 점점 더 나쁜 방식으로 진화하고 있습니다. 독자의 시선을 붙잡을 요량으로 제목에 자극적인 표현을 쓴다거나 과격한 주장을 하는 것이지요. 정말 위험한 것은 이런 기사 대부분이 올바름에 대한 기준을 제시하지 못한다는 점입니다.

앞서 언급한 기사들로 예를 들어 볼게요. 아이린과 손나은이 페미니즘과 관련한 책이나 액세서리를 착용하자 온라인 커뮤니티에선 이를 비난하는 목소리가 나왔습니다. 언론은 이런 주장을 기사에 실으며 '논란'이라는 표현을 씁니다. 그런데 페미니즘은 성별에 따른 차별을 없애야 한다고 주장하는 이론이자 운동입니다. 여성 아이돌이 페미니즘에 찬성하는 게 '잘못된' 일이 될 수는 없습니다. 그렇다면 '페미니스트 논란'이라는 언론의 표현은 과연 올바를까요? 남희석의 경우는 또 어떻고요. 일간스포츠는 남희석과 김구라의 과거 발언이 재조명되고 있다면서 '성희롱 VS 막말'이라는 제목을 썼습니다. 그런데 성희롱과 막말은 둘 다 나쁜 것이지 어느 쪽이 더 나쁜지를 겨룰 수 있는 사안이 아닙니다. 언론의 역할은 잘못된 관습에 제동을 가하는 것이지, 누가누가 더 나쁜지 싸움을 붙이는 것이 아닙니다.

유명인을 향한 비방과 공격을 '논란'이라는 표현으로 보도하는 언론을 볼 때마다, 저는 '사람들이 싫어하는 게 서커스의 포인트'라는 〈위대한 쇼맨〉의 대사를 떠올리게 돼요. 위와 같은 기사들이 독자의 말초신경을 자극하기 위한 글이라고 느껴지거든요. 언론과 바넘의 서커스는 아주 비슷해요. 둘 다 혐오를 오락처럼 즐기지요. 바넘의 서커스는 흑인·장애인·동물과 같은 약자를 오락거리로 전락시킵니다. 언론은 주로 나이 어린 연예인들에게 심판관 행세를 하며 '악플러'를 자극해요. 〈위대한 쇼맨〉이 바넘의 쇼를 꿈과 우정이 피어나는 곳처럼 꾸몄듯, 언론은 자신들의 기사를 공익적인 것으로 포장 혹은 착각하고 있습니다.

혐오를 파는 포털과 언론사들

지금은 고인이 된 가수 겸 배우 설리는 생전 미디어, 특히 인터넷 연예 매체로부터 자주 공격받았던 인물입니다. 그가 브래지어를 하지 않은 채 찍은 사진이나 연인과 입을 맞추며 찍은 사진, 선배 배우를 "~씨"라고 호칭한 글을 인스타그램에 올릴 때마다 언론은 재빠르게 이를 기사로 옮겼습니다. 그러면서 이렇게 덧붙였어요. "거듭되는 설리의 논란이 팬들의 안타까움을 자아내고 있다", "설리를 바라보는

대중의 시선은 그다지 곱지 않다……." 그리고 다른 한편에
선 '충격', '은밀', '노출' 같은 단어를 써 가며 설리의 신체를
성적으로 대상화했지요. 설리의 모습이 정숙하지 못하다고
비난하면서, 동시에 그를 선정적으로 부각하는 기사를 쓰는
겁니다.

　한 번은 고인이 된 설리가 인스타그램 라이브 방송 중
에 자신의 옷차림을 지적하는 누리꾼에게 "시선 강간이 더
싫다."라고 말한 적이 있습니다. 그러자 일간스포츠에선 〈누
가 설리에게 시선 강간 단어를 알려줬나〉라는 제목으로 기
사를 냈어요. 내용을 살펴보면, "실제로 저런 옷차림으로 성
별을 가리지 않고 누군가 걷는다면 시선이 안 가는 게 상식

적으로 불가능하다. 설리가 말한 '시선 강간'은 본인의 상황에 적합하지 않은 단어"라는 주장이 나옵니다. 설리의 옷차림 때문에 그에게 시선이 갈 수밖에 없다는, 전형적인 가해자 입장의 논리였어요. 민주언론시민연합은 설리 사후 공개한 신문·방송 모니터보고서에서 "이 기사의 주장은 단순 상식을 벗어났을 뿐만 아니라 성폭력의 책임을 어디에 물어야 하는지조차 망각한 아주 몰상식한 글."이라고 비판했습니다.

비슷한 사례는 얼마든지 많아요. 〈'시선 강간 싫다' 설리, 논란 후에도 속옷 미착용 사진 공개〉(스포츠서울), 〈'시선 강간 싫다'……설리, 그럼에도 미착용 셀카 공개〉(MK스포츠), 〈'노브라' 지적에 '시선 강간 싫다'던 설리, 또 속옷 미착용 근황 공개〉(세계일보)처럼 마치 설리가 모순되는 행동을 한다는 어조의 기사가 줄을 이었습니다. 하지만 여성의 신체를 관음적으로 바라보고 성애화하면서, 동시에 설리의 노브라 차림을 '논란'으로 만드는 연예 매체의 태도야말로 모순적입니다. 한편에선 악플 근절을 부르짖으면서 다른 한편에선 악플을 누리꾼의 의견인 양 인용하는 보도 행태야말로 모순이 아닐까요.

언론은 혐오를 팔고 있습니다. 포털사이트도 마찬가지입니다. 어떤 혐오 발언도 다른 누리꾼들에게 추천만 많이 받으면 '순공감순' 혹은 '추천순' 1위 댓글이 돼 더 많은 이들에게 노출됩니다. 한술 더 떠 네이버는 뉴스 랭킹 섹션에 '공감별 랭킹 뉴스'를 운영했습니다. 기사 하단에 '좋아요', '훈훈해요', '슬퍼요', '화나요', '후속 기사 원해요' 등 5개 항목의 이모티콘을 만들어 기사를 읽은 누리꾼이 선택하게 만드는 것이지요. 각 항목에서 누리꾼의 선택을 가장 많이 받은 기사들은 시간별로 순위가 매겨져 '공감별 랭킹 뉴스'에 노출됩니다. 부작용이 많았던 건 '화나요' 부문입니다. 연예인의 사생활마저 기삿거리가 되는 미디어 환경에서, '화나요'는 누군가를 향한 혐오를 드러내는 수단이 되었거든요. '화'는 상품이 되고 미움엔 순위가 매겨졌습니다. 대중의 관심을 먹고 사는 게 연예인의 숙명이라고는 하지만, 그가 얼마나 화를 부추기고 미움을 받고 있는지까지 순위를 매겨 알려줄 필요가 있었을까요?

혐오의 광장을 불태우자

느리지만 세상은 변하고 있습니다. 포털사이트 다음과 네이버는 설리의 죽음 이후 연예 뉴스 댓글을 폐지했고요.

네이버의 '화나요' 표시는 연예 뉴스에 한해 '놀랐어요'로 바뀌었습니다. 기자들 사이에선 갑론을박이 오가기도 했습니다. 표현의 자유가 침해됐다는 주장도 나왔고요. 하지만 저는 기뻤어요. 그것도 아주 많이요. 연예 뉴스 댓글창은 공론의 장으로서 기능을 상실한 지 오래라는 것을 경험을 통해 느꼈기 때문입니다.

2019년 5월의 일이에요. 가수 겸 배우 구하라가 디지털 성폭력의 피해자라는 사실이 알려진 뒤, 저는 〈구하라, 당신의 잘못이 아닙니다〉라는 제목의 기사를 썼습니다. 제 나

름대로는 디지털 성범죄 피해자들이 겪는 2차 피해의 심각성을 꼬집어 보려는 의도였어요. 기사가 포털사이트 다음의 연예 뉴스 메인 화면에 걸린 덕분에 제법 많은 사람들이 제 기사를 읽어줬지요. 그런데 댓글창을 보고 아연실색할 수밖에 없었습니다. 차마 다시 옮길 수도 없을 만큼 처참한 모욕이 추천순 댓글 1위로 올라와 있었거든요. 가수 백지영을 인터뷰한 기사도 마찬가지였습니다. 수십 년 전 백지영이 피해자였던 사건을 끄집어 내면서 그를 희롱하는 댓글들이 추천순 상단에 줄 서 있었어요. 처음엔 화가 났고 그 뒤엔 절망이 엄습했어요. 표현의 자유니 여론이니 하는 허울 아래 혐오 표현이 배설되고 있었던 거죠.

댓글창이 사라졌다고 해서 온라인 세상, 나아가 한국 사회에서 혐오 표현이 소멸한 것은 아닐 겁니다. 하지만 계속되는 사회적 타살 앞에서 우선 혐오의 광장을 불태워야 합니다. 시작은 댓글창이었지요. 다음은 윤리 의식이 부족한 기사들이어야 합니다. 언론사나 포털사이트가 개별 기사의 공익성을 판단해 제재를 둘 수는 없을 것입니다. 그러니 기자들이 바뀌어야 합니다. 이젠 '기레기'라는 비아냥을 넘어 기자와 구더기를 합친 '기더기'라는 신조어까지 생겨났다고 합니다. 기자로서, 또한 한 사람의 시민으로서 자신의 품위를 지킬 것인지, 아니면 예정된 지옥으로 걸어 들어갈 것인지 결단할 때가 된 겁니다.

"나는 기레기가 아니다."라고 말하려는 게 아닙니다. 저 역시도 규범이라고 생각했던 그릇된 잣대로 누군가를 쉽게 미워했고, 또 그만큼 쉽게 기사를 써 왔습니다. 그런데 누군가 그러더군요. 기자에겐 '쓰지 않을 용기'도 필요하다고. 혐오는 여전히 가장 인기 있는 오락 거리이고, 분노는 가장 잘 팔리는 상품입니다. 기사의 조회 수를 높이는 건 여전히 제게 큰 숙제입니다. 하지만 언젠가, 사람들이 부정적인 호기심을 자극할 만한 일이 벌어졌을 때도, 저는 쓰지 않을 용기를 기억하려고 합니다. 그렇게 해야, 느리더라도, 세상이 바뀔 것이라고 믿으니까요.

초능력이
없으면
영웅이
되지
못하는 걸까?

〈인크레더블〉(2004)

영웅은 언제 나타날까요? 옛말에 영웅은 난세에서 난다고 했지만, 프로농구 팀의 감독이었던 강을준은 "팀이 승리했을 때 영웅이 나온다."라고 말했다고 합니다. 뭐, 아무래도 좋습니다. 어차피 제 인생은 이미 예전에 망했고, 전 죽었다 깨나도 영웅 같은 건 될 수 없을 테니까요. 하지만 영화 〈캡틴마블〉(2019)의 영웅담은 무척 좋았어요. 특히 주인공 캐롤 댄버스가 자신의 스승에게 "난 당신에게 증명할 게 없어."라며 인정 투쟁을 벗어던진 뒤, 자신이 통제해야 했던 힘을 마음껏 발산하는 모습을 볼 땐 통쾌함을 넘어 황홀하기까지 했거든요. 그땐 처음으로 '나도 영웅이 되고 싶다.'라는 생각을 했던 것 같아요. 물론 캡틴 마블과 달리, 제겐 초현실적인 힘으로 보기 싫은 사람들을 모조리 패고 다니고 싶다는 반(反)영웅적 욕구가 더욱 컸지만 말이에요.

어쨌든 영웅이 되기 위해선 필수적인 능력이 있으니, 바로 노력으로는 따라갈 수 없는 압도적인 재능입니다. 비범이란 단어조차도 영웅들의 비범함에 비하면 평범할 정도죠. 마블 시네마틱 유니버스의 영웅들을 떠올려 보세요. 대부분 신화적인 재능을 타고나지 않았던가요? 아이언맨은 천재적인 두뇌와 엄청난 자본력을 바탕으로 난공불락의 슈트를 만들었고, 캡틴 아메리카는 '슈퍼 솔저 프로그램'에 의

해 인간이 가질 수 있는 최고의 능력치를 얻게 됐잖아요. 타고난 재능으로 따지자면 토르가 '끝판왕'이죠. 아예 천둥의 신으로 태어나 날씨 조종, 맨몸 비행, 에너지 흡수 등이 가능하니까요. 마블의 경쟁사인 DC 쪽도 사정은 다르지 않습니다. 슈퍼맨, 아쿠아맨, 원더우먼, 샤잠처럼 초능력을 지닌 영웅들이 대부분이에요. 2004년 개봉한 애니메이션 〈인크레더블〉의 주인공도 마찬가지고요.

"꼭 초능력이 있어야 영웅이 되는 건 아니에요."

〈인크레더블〉의 주인공 '밥 파'는 전직 슈퍼 히어로 출신 보험회사 직원입니다. 그는 한때 '미스터 인크레더블'이라는 이름으로 불리며, 보이지 않는 곳에서 악의 무리를 일망타진하곤 했어요. 그의 아내인 '헬렌 파' 역시 지금은 전업주부지만, 과거엔 슈퍼 히어로로 꽤나 이름을 날렸던 인물입니다. 당시 그의 예명은 '일라스티 걸'. 몸을 고무줄처럼 늘이는 초능력에서 따온 이름이었죠. 둘은 만인의 존경과 사랑을 받는 영웅이었어요. 하지만 슈퍼 히어로를 고용하는 데엔 막대한 비용이 듭니다. 고소가 끊이지 않았거든요. 미스터 인크레더블은 자살하려는 사람을 구해줬다가 "죽는 걸 방해했다."라며 고소당했고, 투시 초능력을 가진 엑스레이-비전은 사생활 침해로 법정에 서게 되죠. 정부는 슈퍼 히어로들의 소송비용을 감당하지 못하고 결국 이들 모두를 해고합니다. 미스터 인크레더블과 일라스티 걸 역시 자신들의 초능력을 숨긴 채 평범하게 살아가게 되지요.

이들 가정의 평화는 악당 신드롬이 '1급 비밀 작전'을 빌미로 미스터 인크레더블을 꾀어내면서 깨집니다. 잠깐 신드롬의 소개를 하자면요, 사실 그는 한때 미스터 인크레더블의 열렬한 팬이었습니다. 문장이 과거형인 건 미스터 인크레더블을 향한 신드롬의 마음이 '애정'에서 '애증'으로 변했기 때문인데요. 신드롬은 과거 미스터 인크레더블의 조수가 되길 자처했다가 거절당한 뒤, 미스터 인크레더블을 향한 복수의 칼날을 갈아 왔습니다. 비록 초능력은 타고나지 못했지만 뛰어난 기술자였던 신드롬은 자신이 개발한 무기들로 지상에 남은 슈퍼 히어로를 한 명씩 처단해요. 미스터 인크레더블은 그의 마지막 표적이 되었죠. 신드롬의 음모에 넘어간 미스터 인크레더블은 목숨을 잃을 위기에 처하고, 결국 일라스티 걸이 딸 바이올렛과 아들 대쉬를 데리고 남편을 구하러 갑니다. 그간 자녀들에게 평범하게 살라고 가르쳐 왔던 일라스티 걸은 신드롬과의 전투를 앞두고 아이들에게 이렇게 말합니다. "넌 네 생각보다 훨씬 더 큰 힘을 갖고 있단다. 생각하지 말고 걱정하지도 마. 때가 오면 어떻게 해야 할지 알게 돼. 넌 타고 났으니까." 각성한 남매는 부모를 도와 신드롬에 맞섭니다. 슈퍼 히어로와 빌런의 싸움, 초능력자 대 능력자의 대결, 재능과 노력의 사투! 당연한 결말이지만 승리의 여신은 슈퍼 히어로 가족을 향해 미소 지어요. 신드롬은 처참한 최후를 맞게 되고, 네 가족은 평범한 듯 특별한 일상으로 돌아갑니다.

제가 미스터 인크레더블 같은 초능력자가 아니어서 그런지는 몰라도, 저는 신드롬에게 내내 마음이 쓰였어요. 그가 '인크레디 보이'라는 이름으로 미스터 인크레더블을 찾

아갔을 당시 했던 말이 강렬한 인상을 남겼거든요. "제게 초능력이 없어서 마음에 안 드는 거죠? 꼭 초능력이 있어야 영웅이 되는 건 아니에요. 난 내가 만든 부츠로 날지만, 아저씬 못 날잖아요." 저는 이 대사야말로, 이 영화를 보는 관객들에게 꼭 필요한 메시지라고 생각했어요. 초능력을 가진 사람만 영웅이 될 수 있다면, 초능력자가 없는 현실 속 사람들에겐 영웅심 같은 게 무슨 소용이 있겠어요? 하지만 타고난 재능과 상관없이 누구나 영웅이 될 수 있다면 어떨까요? 사람들은 아주 작은 정의로움이나 선한 행동으로도 이 세상을 바꿀 수 있다는 희망을 품을 거예요. 미스터 인크레더블과 같은 '슈퍼 히어로'는 없어도, 일상에서 정의를 실현하는 '보통 영웅'은 얼마든지 많아질 수 있을 거예요.

초능력 영웅이 없는 곳에도 희망은 있다

'초능력이 있어야 영웅이 되는 건 아니다.' 이것은 미스터 인크레더블에게도 해당되는 이야기입니다. 초능력을 숨긴 채 '밥 파'라는 이름으로 살던 시절에도 그는 한 사람의 시민 영웅으로서 조용히 세상을 도왔거든요. 그가 다니던 보험회사의 사장은 고객들에게 보상금을 주지 않기 위해 늘 교묘한 술책을 쓰곤 했어요. 보험이라는 게 뭔가요? 고객이

예측할 수 없는 사고에 대비해 다달이 보험금을 내면, 사고가 발생했을 때 회사로부터 약속한 보상금을 받는 제도 아니겠어요? 하지만 사장에게 보험은 자신의 밥벌이 수단일 뿐이었어요. 계약서에 함정을 파고 허점을 만들어서, 사고를 당한 고객들이 보상금을 받지 못하게 해 온 것이지요. 하지만 밥 파는 그런 사장의 눈을 피해 어려움에 처한 고객이 보상금을 탈 수 있도록 도와주곤 했습니다. 사장은 밥 파에게 "어떻게 자네 고객들은 모두 보상금을 받느냐."라며 화를 내지만, 밥 파는 '사람들을 도와야 한다.'라는 소신을 굽히지 않아요. 초능력자인 미스터 인크레더블에 비하면 매일 사장에게 깨지고 혼나는 밥 파가 무능력해 보일 수도 있어요. 하지만 저는 밥 파가 미스터 인크레더블만큼이나 위대한 영웅이라고 생각해요. 자신의 신념을 지키며 제 몫의 일을 해내고 있으니까요.

제가 좋아하는 히어로 무비는 2019년 개봉한 영화 〈엑시트〉입니다. 〈엑시트〉가 무슨 히어로 무비냐고 생각하는 친구들도 있겠죠? 주인공 용남은 대학을 졸업하고도 직장을 잡지 못한 취업 준비생이고, 웨딩홀 부점장으로 일하는 또 다른 주인공 의주는 상사의 추근거림에도 일을 그만두지 못하는 처지이니까요. 다시 말해 두 사람 모두 사회적으로 대단히 성공했다고 보긴 어려운 사람들이에요. 그렇다고 해서 이들이 특별한 재능을 가진 것도 아닙니다. 그저 대학 시절 산악 동아리에서 활동한 덕에 높은 곳에 기어오르거나 높은 곳에 매달려 있거나 높은 곳에서 전력 질주하는 재주 정도만 있을 뿐이지요. 하지만 제가 이들을 '영웅'으로 여기는 건, 용남과 의주야말로 '평범한 영웅'이 어떤 모습인지를 잘 보여 주고 있기 때문입니다.

〈엑시트〉의 줄거리는 이렇습니다. 어느 날 용남과 의주가 있던 웨딩홀 인근에 정체불명의 유독가스가 퍼지고, 둘은 살기 위해 빌딩 숲을 내달려요. 말 그대로 손에 땀을 쥐게 하는 전개가 러닝타임 내내 이어지지요. 하지만 예상외로 코끝이 찡해지는 순간도 있어요. 바로 용남과 의주가 도피 능력이 없는 학생들에게 구조 기회를 양보하는 장면입니다. 두 사람은 죽음의 공포에 엉엉 울면서도 자신들보다 약한 학생들을 먼저 구해 달라고 구조대에게 요청해요. 아마 많은 관객들이 이 장면을 보며 세월호 참사를 떠올렸을 겁니다. 어른들의 탐욕과 과오 때문에 죄 없는 아이들이 희생당했다는 부채감을 용남과 의주의 의로운 행동이 잠시나마 어루만져 주는 것 같았거든요. 생존을 위한 이기주의가 극한을 달리는 무한 경쟁 사회에서, 내가 아닌 남을 먼저 위하는 마음이 얼마나 숭고하고 위대한 것인지, 용남과 의주의 의로운 행동이 다시금 일깨워 주지요.

제가 〈엑시트〉를 좋아하는 이유는 '보통 사람들의 영웅적인 행동'을 곳곳에서 확인할 수 있기 때문입니다. 유독가스가 퍼지자 웨딩홀에 있던 손님들을 먼저 대피시킨 의주, 위험을 무릅쓰고 시민들을 구조하는 대원들, 최대한 빠르게 유독 가스의 성분을 파악하고 대피 요령을 공지하는 전문가들, 현장 상황을 생중계하는 언론, 이재민을 지원하고 재난 상황에 대처하는 국가 시스템……. 예측할 수 없는 위험들

속에서도 사회가 제대로 돌아가려면, 한 명의 슈퍼 히어로로가 아니라 수많은 평범한 영웅이 필요하다는 것을 〈엑시트〉는 제게 가르쳐 주었습니다.

내가 할 수 있는 몫의 일을 해내는 것

첫 회사에서 만났던, 지금은 다른 일을 하고 있는 선배 기자가 있습니다. 연락을 자주 주고받진 않지만 언제나 마음 깊이 존경하는 선배예요. 세월호 참사가 벌어졌던 2014년 4월의 일이에요. 선배는 당시 지상파 3사와 JTBC의 보도 행태를 다룬 기획 기사를 내보냈었어요. 참사 당일부터 사흘 동안 각 방송사의 저녁 뉴스를 모니터링해 각 방송사들이 세월호 참사 원인을 어떻게 분석했는지, 앞으로의 방지대책 및 예방은 어떻게 제시했는지, 사상자에 대한 가십성 기사를 내보내진 않았는지, 생존자에게 무리한 인터뷰를 시도하진 않았는지, 자극적인 영상을 사용하진 않았는지, 사상자와 가족, 사고 관련자의 인권을 존중해 줬는지를 분석한 기사였습니다. 기획부터 취재, 기사 작성까지 상당한 시간이 걸렸다고 들었어요. 하지만 선배는 이 거대한 비극 앞에 연예부 기자로서 자신이 할 수 있는 일을 하고 싶었다고 했습니다. 지금 내 자리에서 내가 할 수 있는 몫의 일을 해

내는 것. 어렵지만, 언제나 잊지 않으려고 노력하는 태도입니다.

2019년은 연예부 기자로 일하면서 제게 가장 고통스러웠던 한 해로 기억될 것입니다. 그룹 빅뱅의 멤버였던 승리와 가수 정준영을 비롯한 유명 남성 연예인들이 잇달아 성범죄에 연루되고, 설리와 구하라는 세상을 떠난 해였지요. 사회에 누적된 불의를 온갖 사건을 통해 피부로 느끼는 것 같았어요. 많이 분노했고 또 많이 울었습니다. 하지만 그러면서도 기사를 썼어요. '승리 단톡방' 사건은 개인의 도덕적 해이와 윤리 의식 부재로 인한 것이 아니라고, 남성의 성범죄에 관대한 문화를 반성해야 한다고, 우리는 여성을 섹슈얼한 몸으로 볼 것이 아니라 하나의 인격체로 대해야 한다고, 여성을 쉽게 비난하지 말자고, 더는 누구도 잃지 말자고 썼습니다. 그것이 저의 자리에서 제가 할 수 있는 몫의 일이라고 믿었어요. 아주 많은 사람들이 선봉대에서 싸워 주었죠. '승리 단톡방'을 처음 세상에 알린 기자, 취재에 도움을 주고 싶다며 기자에게 먼저 연락했던 故 구하라, 대화방 내용을 제보받아 국민권익위원회에 제공한 변호사, 그리고 지금 이 순간에도 피해자와 연대하며 투쟁하고 있을 많은 사람들……. 세상은 달라졌을까요. 아직 잘 모르겠습니다. 하

지만 가만히 앉아서 세상이 달라지길 바라서는 안 된다는
건 압니다.

어쩌면 영웅은 난세에서 태어난다는 말이 맞는지도 모
르겠습니다. 사회가 어지러울수록, '더 나은 세상'을 향해 힘
차게 전진하는 영웅들을 만나게 되거든요. 매일 뉴스를 통
해 코로나19와의 사투 최전선에 선 의료진들을 봅니다. 살
인적인 노동 강도를 견디며 국민의 생명과 안전을 위해 헌
신하는 사람들을요. 보이지 않는 곳에서 각자의 방식으로
전염병과 싸우는 분들도 떠올려 봅니다. 밤을 지새우며 확
진자 동선을 파악하는 공무원, 마스크 대란에도 가격을 올
리지 않은 제조 업체, 자신보다 어려운 이들을 도와달라며
쌈짓돈을 털어 기부하는 사람들을요.

어떤 영웅들은 승전고가 울리고 나서야 비로소 모습을
드러내기도 하지요. 텔레그램을 통해 성착취물을 제작·배
포한 'n번방 사건'을 집요하게 파헤친 '추적단 불꽃'이 그랬
습니다. 대학생 2명으로 이뤄진 추적단 불꽃은 텔레그램에
서 벌어지는 성범죄를 처음으로 취재하고 신고한 취재팀이
에요. 여러 언론사에 자신들의 취재자료를 아낌없이 공유해
핵심 인물을 검거하고 여론을 모으는 데 큰 역할을 했지요.

이들은 성착취가 벌어지던 텔레그램 '박사방'의 운영자 조주빈이 검거된 뒤에야 자신들의 존재를 세상에 알렸습니다. 여러 위험과 어려움을 무릅쓰고 우리 사회의 추악한 이면을 고발한 이들에게 다시 한 번 존경과 감사를 보냅니다. 사건을 공론화한 언론, 피해자와 연대하고 디지털 성범죄의 근절을 요구하며 거리로 뛰어든 이들, 전 세계적으로 방치되고 있는 디지털 성 착취 문제를 가시화하기 위해 트위터 해시태그 '총공'을 펼치는 누리꾼들에게도요.

"희망은 가지는 것이 아니라, 행동함으로써 창조해 내는 것이다." 2003년생 환경운동가 그레타 툰베리의 말입니

다. 영화 속 초능력 영웅이 없는 이 세상에도 희망이 있다면, 그것은 행동함으로써 희망을 창조해 내는 많은 '보통 영웅'들 덕분일 겁니다. 더 나은 세상을 만들기 위해, 우리는 어떤 신념을 가져야 하고 어떤 일을 할 수 있을까요? 여러분도 함께 생각해 보면 좋겠습니다.